Rebirthing

Rüdiger Stellberg

Rebirthing

**Was es kann,
wie es wirkt und
wem es hilft.**

pal

Die Deutsche Bibliothek - CIP-Einheitsaufnahme

Stellberg, Rüdiger:
Rebirthing : was es kann, wie es wirkt und wem es hilft /
Rüdiger Stellberg. - Mannheim : PAL, 1992
  (Therapieverfahren unserer Zeit)
  ISBN 3-923614-52-7

Inhaltsverzeichnis

1. Ist Rebirthing Therapie? 7

2. Die Rebirthing-Sitzung 10

2.1 Typischer Ablauf 10

2.2 Die 5 Elemente 16

3. Typische Erfahrungen in Rebirthing-
    Sitzungen 21

3.1 Rebirthing als veränderte Körpererfahrung 22

3.2 Rebirthing als emotionale Erfahrung 24

3.3 Rebirthing als Geburtserfahrung 34

3.4 Rebirthing als bildhaft- gleichnishafte
    Erfahrung 46

3.5 Rebirthing als gedanklich/seherische
    Erfahrung 55

3.6 Rebirthing als transpersonale/spirituelle
    Erfahrung 62

4. Rebirthing als Transzendierung des Ego ... 68

5. Die Arbeit mit Affirmationen 75

6. Warmwasser-Rebirthing 81

7. Kaltwasser-Rebirthing 84

8. Selbst- und Maha-Rebirthing 87

9. Für wen ist Rebirthing geeignet? 90

10. Was Rebirthing nicht ist 93

11. Wie Sie einen guten Therapeuten finden ... 96

12. Zwei Erfahrungsberichte von Klientinnen .. 101

Literatur und Cassetten 118

Zifferverweise 121

— 1 —
Ist Rebirthing Therapie?

Jein. Ich werde Ihnen erklären warum.

Viele Psychotherapien haben das Ziel, Erinnerungen an die Vergangenheit zu „bearbeiten", um sie zu erklären, zu verstehen und zu verwandeln. Es geht ihnen darum, vergangene Erlebnisse noch einmal zu fühlen (zu sehen, zu hören), d. h. sich in die Situation zurückzuversetzen, um dann die Zusammenhänge zu begreifen. Bei einigen Therapien werden Sie lernen, warum Sie so oder so gehandelt haben, oder verstehen, weshalb Ihr Vater so ist, wie er ist, oder Sie werden lernen, wie Sie anders handeln könnten, und dafür entweder Ideen sammeln oder das Neue sogar üben.

Mal werden Sie Ihr eigenes Verhalten mehr aus den Umständen der Kindheit, dem Verhalten Ihrer Eltern und der „Umwelt" her erklären oder herzuleiten versuchen, mal sich selbst als den nun freien Menschen zu begreifen trachten, der jetzt darf, was er möchte. All das kann Rebirthing auch sein, d. h. Ihr *Verstand* durchschaut etwas, er entwickelt Verständnis, er denkt sich kreativ was Neues aus und leitet Sie dazu an.

Sehr oft wird jedoch Rebirthing eine Erfahrung vermitteln, die jenseits des Verstandes liegt und die Erfahrung von etwas völlig Neuem ermöglicht, die Erfahrung einer sog. Transformation. Das geht fast immer einher mit dem Erleben von Angst, Verblüffung und Befreiung. Beim Fallschirmspringen oder Tauchen, schon beim Springen vom 3-m-Brett können Sie das erleben. Nach einer Phase der Überwindung geschieht „es" — und Sie wissen (wieder): „Ich kann", „Ich schaffe es" oder „Es geht".

Mit solchen Erlebnissen schieben Sie die kleinen oder großen Mauern beseite, die Ihr Verstand (Ihr Ego) immer wieder neben Ihnen aufbaut und auf denen Schriftzüge erscheinen wie: „Du kannst nicht", „Du darfst nicht", „Du sollst nicht", „Du bist es nicht wert" etc. Wenn Sie lange innerhalb solcher Mauern leben, werden Sie es vielleicht leid werden und jemanden suchen, der Ihnen eine Leiter reicht, oder z. B. solch ein Buch hier lesen.

Transformatorische Erlebnisse pusten die Mauern weg; sie lassen sie förmlich im Boden versinken, sie lösen sie in Luft auf. Eine der intensivsten Techniken dieser Art ist der Feuerlauf: Durch gezielte Vorbereitung von Körper und Verstand (durch den Geist) versetzen Sie sich in die Lage, über glühende Holzkohle zu gehen, ohne sich zu verbrennen. Tausende haben es erlebt: Es geht — und der Verstand spielt verrückt. Er muß zugeben, daß er mit seinen begrenzenden Anweisungen und Regeln unrecht hat. Mit einer solchen Erfahrung sind Sie buchstäblich „jemand anders" — Sie sind *neugeboren*. Sie schauen die Welt mit anderen Augen an und wissen: „Wenn ich das kann, dann werde ich ja wohl auch . . ."

Transformatorische Erlebnisse gehen über Therapie im herkömmlichen Sinne hinaus. Sie eröffnen eine andere Dimension. Allerdings kommen bei manchen körperorientierten Therapieformen Ansätze davon durchaus auch vor. Transformation ist ein Durchbrucherlebnis: Es verwandelt in relativ kurzer Zeit begrenzende Gedanken und Einstellungen über sich und die Welt, wobei der Verstand oft im nachhinein begreift, erklärt und (sich selbst) umorganisiert. Ich nenne eine solche Arbeit *Metatherapie*.

Rebirthing hat für mich den einzigartigen Vorzug, daß es Transformation auf einfache Weise („ohne Zubehör"), mit (anscheinend) relativ wenig Überwindung und ohne Notwendigkeit möglich macht: nicht jede Rebirthing-Sitzung ist jedoch transformatorisch. Sie wissen vorher nicht, wie sehr sie es wird.

Das macht die Arbeit aufregend und undramatisch zugleich, denn: Nicht Ihr Verstand entscheidet, ob es passend wäre zu springen — das tut Ihr SELBST (vgl. Kap. 3.6) — und so werden Sie lernen, ihm — d. h. sich SELBST — zu vertrauen.

Schauen wir uns an, wie eine Rebirthing-Sitzung abläuft.

— 2 —
Die Rebirthing-Sitzung

2.1 Typischer Ablauf

Vor der allerersten Sitzung kann eine längere Gesprächs- und Kennenlernsitzung nötig sein, damit Ihr Rebirther einen Eindruck von Ihrer Persönlichkeit bzw. von Ihrer Lebensgeschichte bekommt. Vor jeder Atemsitzung führen dann die meisten Rebirther[1] zudem ein kurzes Vorgespräch durch, was Ihnen hilft auszusprechen, was Sie bewegt, in welchen Gefühlen Sie sich (häufig oder gerade) befinden, was Sie in sich annehmen, verändern oder erreichen möchten. Ein solches Vorgespräch, das selten 15—20 Minuten überschreitet, bestimmt das Thema für die Sitzung, indem es an die Gefühle oder Erinnerungen heranführt, um die es geht, bzw. indem die gezielten Fragen des Rebirthers in Ihnen etwas Bestimmtes auslösen. In diesem Gespräch wird nichts zu lösen versucht, weil Rebirthing eine nonverbale Methode ist und zu langes Reden oder Analysieren vom Fühlen und vor allem vom Transformieren abhält.

Die Atemsitzung selbst wird meistens im Liegen durchgeführt: Sie liegen ca. 60 bis 100 Minuten unter einer Decke auf einer weichen Matratze. Dann beginnen Sie, bei geschlossenen Augen bewußt ein- und

---

1 Der Einfachheit halber werde ich diesen Begriff für Menschen beiderlei Geschlechts verwenden. Einige davon sind oder nennen sich auch (Psycho-) Therapeuten, andere nicht.

auszuatmen und dabei Brust- und Bauchraum zu spüren und zu dehnen. Ihr Rebirther wird Sie anleiten, etwas intensiver als im Alltag zu atmen und genau wahrzunehmen, wo der Atem in Brust- und Bauchraum hinströmt. Einige werden zunächst lernen, mehr einzuatmen, d. h. den Leib zu öffnen und zu weiten. Andere werden erfahren, daß es darum geht, mehr auszuatmen, und daß das Zurückhalten des Ausatems oder das Dosieren der Luft die Lebendigkeit vermindert. Vielleicht wird Ihnen am Anfang der Sitzung oder in den ersten Sitzungen überhaupt erst einmal bewußt werden, wie wenig Sie sich trauen, richtig ein- oder auszuatmen — und was das damit zu tun hat, daß Sie sich im Leben eher zurücknehmen. Das Kennenlernen des „Bremsens" wird Ihnen zeigen, weshalb Ihnen das „Gasgeben" nicht so recht gelingt.

Es gibt noch andere Therapiemethoden, die den Atem einsetzen. Die *klassische Atemtherapie* (nach Schäufele-Osenberg, Middendorf u. a.) legt vor allem auf dieses Erfühlen des Atemraums und der Atemwege Wert. Das Erspüren und Bewußtwerden, das Nach-Innen-Gehen und Dehnen führt zu geistigen Einsichten und zu einem intensiveren Bezug zum eigenen Körper, was auch sehr erhellende Wirkungen haben kann. Hier wird allerdings überwiegend im Sitzen, im Stehen oder auch mit Bewegung gearbeitet.

Das *holotrope Atmen* (nach Grof) benutzt einen kraftvollen, intensiven Atem, meist ein kräftiges Ausatmen, wobei die Arbeit in Gruppen bevorzugt wird. Die gegenseitige Stimulation der Teilnehmer sowie vor allem der Einsatz von spezieller, oft provozierender Musik schafft einen Raum zu intensiver Erfahrung der eigenen Grenzen und Wünsche — die körperlich und emotional zu erleben hierbei unumgänglich ist. Das Überschreiten solcher Grenzen ermöglicht auch hier sehr tiefe transpersonale, transformatorische Erlebnisse.

In der *Reichianischen Atemarbeit* wird eine verstärkte Atmung in Bauch- und Brustraum eingesetzt, um den Körper zu spontanen Bewegungen, Gefühlen und Reaktionen zu führen. Dabei spielt der Ausdruck des Erlebten über Augen, Mund, Arme und Hände eine wesentliche Rolle. Der Klient wird ggf. auch zu Augen- und Handkontakt mit dem Therapeuten ermuntert, um Gefühle auszudrücken und erkannte Wahrheiten (wiederholt) auszusprechen. Die Reichianische Atemarbeit legt Wert darauf, zuerst Blockierungen im Augen-, Mund- und Kehlbereich zu lösen, um dann allmählich Verspannungen und Blockaden im Beckenbereich (festgehaltene sexuelle Energie) zu lösen.

Beim Rebirthing-Atmen kommt nach den ersten Minuten der Konzentration und Wahrnehmung des Atems ein entscheidendes Merkmal hinzu. Ihr Rebirther wird Sie anleiten, die Pause zwischen Ein- und Ausatem wegzulassen und in einen kontinuierlichen Kreisatem überzugehen:

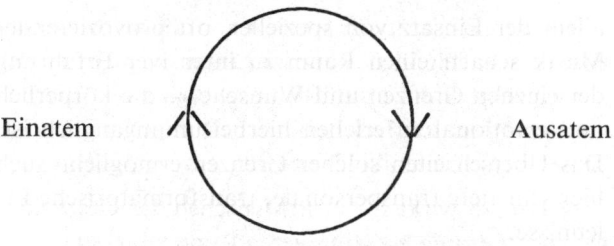

Einatem Ausatem

Nach einer Weile (oder nach einigen Sitzungen) werden Sie lernen, das Geschehen dem Atem „zu übergeben", sich vom Atem mitnehmen zu lassen durch Landschaften verschiedenster Art, und dabei immer wieder fürs Einatmen zu sorgen, um das Rad des Atems in Drehung zu halten.

Sie werden a) auf ein zentrales Erlebnis zusteuern — ein Gefühl, eine Erinnerung oder eine Einsicht —, b) etwas verwandeln und c) die Sitzung ausklingen lassen:

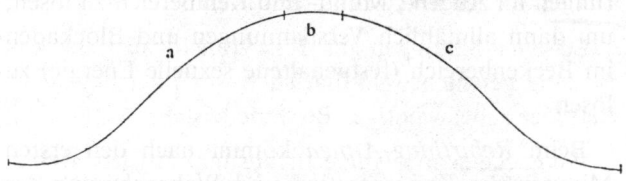

In der letzten Phase (c) kommt es oft zu einer sehr tiefen Entspannung, zu einem völlig frei fließenden Kreisatem („es atmet mich"), zu bisher nicht gekannten Zuständen von Frieden und Glück, zu intensivem Kontakt zum (Hohen) SELBST (vgl. Kap. 3.6), dem weisen Seelenkern in uns, der uns unsere Lebensaufgaben zeigt.

Rebirthing-Sitzungen werden sowohl als Einzelsitzungen als auch als Gruppensitzungen angeboten. Bei der Einzelsitzung ist natürlich eine intensivere Betreuung gewährleistet: Der Rebirther ist zu jeder Sekunde zu Anweisungen und Hilfe bereit.

Allerdings wirkt für viele Menschen das Geschehen in einer Gruppe so stimulierend und unterstützend, daß sie sich hier besser aufgehoben fühlen. Eine gute Betreuung ist aber auch hier sehr wichtig — deshalb sollten Sie darauf achten, daß in größeren Gruppen nicht mehr als 5—8 Menschen auf einen Betreuer entfallen (je nach Vorerfahrung der Gruppenteilnehmer). Sehr hilfreich ist auch das wechselseitige Betreuen in Paaren: Die Begleitung eines anderen Menschen in seinem Prozeß (unter qualifizierter Gesamtbetreuung) kann eine sehr tiefgreifende und heilsame Erfahrung sein — zeigt sie doch oft sehr klar, was überflüssiges Helfen-Wollen und was Unterstützen ist.

Bei allen Sitzungen gilt: Eine transformierende Erfahrung geschieht INNEN, auch wenn der Begleiter/ Betreuer dabei wichtigen Beistand leistet.

Wenn Sie schon einige Erfahrung mit dem Rebirthing-Atem haben, können Sie sich als zusätzliche Möglichkeit für das Partner-Rebirthing im Sitzen entscheiden. Dabei schauen Sie Ihrem Gegenüber in die Augen, was zu sehr tiefen Erlebnissen von Nähe und Verbundenheit führen kann. So können Sie mit Ihnen fremden Menschen auf einmal sehr viel echte Begegnung erfahren, auch oder besonders in den Gefühlen, die Sie womöglich erleben. Für Lebenspartner ist es eine Art, sich wieder neu und ohne Masken zu sehen. Das kann manche Konfliktsituation tiefer und nachhaltiger klären als lange Gespräche oder „klassische" therapeutische Interventionen. Das Partner-Rebirthing führt Sie in die Dimension, von der aus Sie sehen, daß wir alle Brüder oder Schwestern sind — jenseits unserer Illusionen von Abgrenzung und Angst — und daß wir uns alle nach Nähe sehnen.

Ihr Rebirther wird Sie so begleiten, daß Sie sich sicher fühlen: durch Anweisungen zur Tiefe und zur Art des Atems, durch Fragen und durch Berührungen.

Oft ist es nützlich, im Verlauf der Sitzung mitzuteilen (in wenigen Sätzen), was geschieht — sehr oft wird jedoch in Rebirthing-Sitzungen fast gar nicht gesprochen. Allerdings kommen auch Mischformen zwischen Rebirthing-Sitzungen und verbalen Sitzungen (Gestalt, Voice Dialogue — vgl. Kap. 3.5) vor.

Die Sitzung endet mit einem kurzen Nachgespräch: Sie schildern Ihrem Therapeuten, was Sie erlebt haben, wobei Sie oft deutlicher begreifen, was eigentlich vor sich gegangen ist oder welche (symbolische) Bedeutungen, Erfahrungen und Bilder der Sitzung zuzuordnen sind. Dabei wird Ihnen Ihr Therapeut durch Nachfragen zur Seite stehen, wobei es jedoch nie darum gehen wird, das Erlebte in einem längeren Gespräch ausgiebig zu analysieren oder zu interpretieren.

Manchmal bleibt die Erfahrung einer Sitzung einfach so stehen — weil sie nicht in Worte zu fassen ist, weil sie zu subtil oder zu überwältigend (mystisch/ transpersonal) ist. Hier würden Worte nur schaden.

Wenn der Rebirthing-Atemprozeß nach einigen Sitzungen neue Sichtweisen hervorruft (unterstützt durch ausgewählte Bücher) oder Veränderungen in Ihrem Leben auslöst, wird es u. U. nötig sein, eine rein verbale Therapiesitzung einzuschieben. Dies ist immer dann der Fall, wenn das Bedürfnis nach verbaler Klärung (auf Seiten des Therapeuten oder des Klienten) so groß ist, daß es im Vorgespräch nicht genügend Raum findet. Dann wird Ihr Rebirther Ihnen mit Hilfe einer gezielten Gesprächsintervention — etwa auf der Basis der Gestalttherapie[2], des Voice Dialogue, des Hakomi o. ä. Ihre inneren Stimmen oder Ihre Erinnerungen und Wünsche hörbar (und fühlbar) machen, so daß Sie klarer erkennen, was in Ihnen vorgeht — was Sie sich nicht auszusprechen wagen oder vielleicht nicht einmal wissen.

Bei „schwierigeren" Lebensgeschichten (schweren Neurosen — vgl. Kap. 10.) sind solche Aufarbeitungssitzungen unbedingt nötig — sie können auch in eine kurze und intensive Atemsitzung übergehen.

2.2 Die 5 Elemente

Je mehr Erfahrung Sie im Rebirthing-Atmen haben und je genauer Ihr Therapeut Sie dabei „einweist" bzw. begleitet, umso mehr werden Sie die Wirkungsweise der „5 Elemente" kennenlernen, die die Qualität von Rebirthing-Sitzungen ausmachen. Sie sind kennzeichnendes Merkmal des *Integrativen Rebirthing,* so wie es heute von der großen Mehrzahl der Rebirther praktiziert wird (vgl. Kap. 11.). Das Rebirthing wurde Ende der siebziger Jahre von *Leonard Orr* entdeckt und zunächst als Atemtechnik zur Verarbeitung des Geburtserlebnisses begriffen, wobei das Erkennen und Verwandeln von frühen „negativen Gedanken" (vgl. Kap. 3.5) eine wichtige Rolle einnahm. Die heutige Arbeitsweise von Rebirthing-Therapeuten geht auf die Verfeinerung und Erweiterung des Rebirthing-Konzepts durch *Phil Laut* und *Jim Leonard* zurück, die diese Anfang der achtziger Jahre vornahmen.[3] Hier wurden die entscheidenden Grundlagen für den Ansatz der „Metatherapie" geschaffen[4], wobei Rebirthing mit verschiedenen Annahmen der humanistischen, der transpersonalen und der Existentialpsychologie verknüpft wird.[5] Grundlage der praktischen Arbeit in den Sitzungen sind hierbei die „5 Elemente":

Manche Rebirther werden sie Ihnen vor Ihrer allererersten Sitzung ausgiebig erläutern[6], andere werden Sie nach und nach damit vertraut machen und Sie dann auch explizit in ihre Anwendung einführen — eine wesentliche Voraussetzung für Selbst-Rebirthing (vgl. Kap. 8).

Das *erste Element* ist das kreisförmige Atmen: Sie atmen in einem ununterbrochenen Rhythmus, ohne Pause zwischen Ein- und Ausatmen, wobei das Ausatmen entspannt, „von selbst" geschieht. Auf dem Weg dahin kann es für manche Menschen nötig sein, zunächst einmal kräftiges („abgebendes') Ausatmen zu üben, um lang eingeübte Zurückhaltung aufzugeben. Das kann durchaus mehrere Sitzungen dauern. Ihr Therapeut wird Sie darin unterstützen, die angemessene Menge Luft ein- und auszuatmen, so daß Sie Ihren „energetischen Mustern" (Ihren zu Ihren „Lebensproblemen" passenden Blockaden und Gefühlen im Körper) auf die Spur kommen.

Das muß keine Konfrontation sein, kein „Hindurchgehen", kein „Aufbrechen" — so wie es z. T. beim holotropen Atmen gerade als heilsam empfohlen wird.

Das *zweite Element* ist vollkommene Entspannung: Ihr Rebirther wird Sie immer wieder auffordern, Ihren Körper (und auch Ihren bewertenden Verstand) völlig zu entspannen, loszulassen und nur die Atemmuskeln weiter zu benutzen. Körperliche Entspannung fördert die Integration (d. h. die Akzeptanz) von Gefühlen, Körperempfindungen, Erinnerungen — und ist gleichzeitig Voraussetzung dafür. So werden Sie lernen, nur dazuliegen und zu beobachten, was geschieht — ohne etwas dagegen oder damit zu tun. Das allein ist oft von sehr großer therapeutischer Wirkung: es ist absolute Selbstannahme, die Versöhnung mit Schattenseiten (z. B. Gefühlen, die Sie nicht mögen). Am Ende einer Ihrer ersten Sitzungen erreichen Sie mit hoher Wahrscheinlichkeit einen Entspannungszustand, der Ihnen bisher noch völlig unbekannt war.

Das *dritte Element* ist die bewußte Wahrnehmung aller Einzelheiten: Sie machen sich zum genauen und interessierten Beobachter *Ihrer* Erlebnisse. Das schließt ein, daß Sie „Störungen" von außen (z. B. in Gruppensitzungen) als Erlebnis in Ihnen selbst betrachten (z. B. Ärger) und sich darin atmend entspannen. So können Sie die ganze Sitzung über Veränderungen in Ihrer Körperwahrnehmung, Ihren Gedanken und Bildern etc. wahrnehmen, ohne sie zu beurteilen, — bzw. den „Urteiler" in Ihnen wiederum wahrnehmen.

Das *vierte Element* ist die „Integration in Ekstase": Hierbei überlisten Sie Ihren Verstand so, daß er das, was er (gemäß seiner Aufgabe) gewöhnlich abwertet, (weil Sie es ihn schon lange haben machen lassen), nunmehr als etwas Besonderes feiert. Sie werten beispielsweise Traurigkeit oder Angst, die sich in Ihnen manifestiert, zwar noch ab („Ich mag sie nicht") — aber gleichzeitig beschließen Sie: „Sie ist nun mal da; ob ich sie will oder nicht, also gebe ich mir Zeit, sie in Ruhe zu betrachten". Das ist der Beginn von Integration: das Dagegen-Kämpfen zu beenden und den Verstand zu beauftragen, das Erschienene zu betrachten, ja, zu feiern.

Hierzu ist am Anfang intensive Unterstützung eines erfahrenen Therapeuten nötig — nach und nach werden Sie jedoch lernen, dieses Element auf mehr und mehr Bereiche Ihrer Persönlichkeit und Ihres Lebens anzuwenden, eine Grundvoraussetzung zur Überwindung von Schuld (vgl. Kap. 4).

Das *fünfte Element* ist die Bereitschaft, Ihrer Intuition / Ihrem Selbst zu folgen. Sie heben die Befehle aus Ihrem Über-Ich, die da lauten „Du solltest (integrieren)", „Du mußt alles richtig machen", „Du hast etwas zu leisten" etc. auf. Sie heben sowohl für die einzelne Sitzung wie auch für den gesamten Prozeß moralische Zielsetzungen wie: „Du sollst besser werden", „Du sollst Dich ändern", „Du sollst etwas lernen" auf. Auf einer anderen Ebene überwinden Sie den besserwisserischen Verstand bzw. den Richter und geben sich in einer demütigen, hingebungsvollen Weise dem hin, was man auch als göttliche Gnade bezeichnen kann. Dieser Prozeß beginnt bereits damit, daß Sie sich zu einem Therapeuten begeben, dem Sie sich anvertrauen. Sie hören auf, es selbst besser zu wissen, und vertrauen sich einem anderen und seiner Führung, aber auch „Höherer Führung" an. Meditieren und Beten ergänzen diese Haltung.

— 3 —
Typische Erfahrungen in Rebirthing-Sitzungen

Jede Rebirthing-Sitzung ist eine neue, unvergleichliche Erfahrung — und selbst nach 200 Sitzungen erleben manche Menschen immer noch etwas völlig Unbekanntes. Dementsprechend empfiehlt es sich auch, sich vor Beginn jeder Sitzung in den Gedanken zu ergeben: „Ich lasse mich überraschen" oder „Ich werde annehmen, was auch immer mir begegnet". Was Ihnen begegnet, ist Teil Ihrer Persönlichkeit (oder Teil Ihres/des Bewußtseins jenseits Ihrer Persönlichkeit), ob Ihnen das nun gefällt oder nicht.

Zumindest im nachhinein hat noch jeder Erlebnisse und Erfahrungen in einer Sitzung als Teil seiner selbst (Selbst) begreifen können, auch wenn die Konfrontation (die Gegen-Überstellung) mit Unbewußtem manchmal unangenehm, peinlich oder auch überraschend, ja beglückend sein kann.

Meistens besteht eine Sitzung aus einer ganzen Kette von Erfahrungen, gleichsam wie eine Abfolge von verschiedenen Landschaften, durch die einen der Atem trägt. Ich will im folgenden solche typischen Erfahrungen vorstellen. Fast immer besteht jedoch eine Sitzung aus einer Aufeinanderfolge oder Vermischung einzelner solcher möglichen Aspekte — zuweilen in Einheiten von wenigen Minuten.

3.1 Rebirthing als veränderte Körpererfahrung

Im Verlauf einer Rebirthing-Sitzung nehmen Sie nach einer Weile Ihren Körper vielleicht auf sehr veränderte Weise wahr. So kommt es vor, daß sich die Hände sehr schwer oder sehr groß anfühlen, der Bauch extrem hart oder die Beine so, als seien sie gar nicht mehr vorhanden. Das kann Ihnen Aufschlüsse darüber liefern, wie es „in" den einzelnen Körperteilen „eigentlich aussieht", wie Sie sie vernachlässigen oder schlecht behandeln. Ein harter Bauch wird Ihnen vielleicht zum erstenmal deutlich zeigen, wieviel Ärger Sie immer hinuntergeschluckt haben. Der Atemprozeß wirkt hier wie eine Linse, durch die hindurch Sie sich Ihren Körper genauer anschauen können und sein wirklicher Zustand deutlicher fühlbar wird.

Möglicherweise melden sich belastete oder erkrankte Organe deutlicher und Sie müssen eine längere Zeit mit Ihrer Aufmerksamkeit bei ihnen sein. Hier gilt es dann, „in" diese Organe hineinzuatmen, so daß sie sich (und sei es nur in Ihrer Vorstellung) weiten, dehnen und entspannen. Sie werden trainieren, Schmerz als ein Gefühl, als eine besondere Form von (kondensierter/blockierter) Energie wahrzunehmen, sich immer mehr ihrer anzunehmen und in sie hinein zu entspannen.

Ihr Rebirther wird Sie unterstützen, schmerzhafte Blockaden (durch Visualisation oder Fühlen) zum Fließen zu bringen und so nach und nach aufzulösen

— oder sie in einen Zustand zu bringen, indem Sie den Schmerz zulassen können, ihn angenommen haben.

Rebirthing-Atmen unterstützt so wie jede Form des konzentrierten Atmens die Selbstheilungskräfte des Körpers. Auf der physiologischen Ebene wird dem Körper mehr Sauerstoff zugeführt, was die Reinigungs- und Heilungskräfte unterstützt. Hilfreich erweist sich zudem die Entspannung und die Arbeit mit Bildern und Gedanken, die die Heilung fördert.

Rebirthing-Atmen geht aber über die rein körperlich-physiologische Heilwirkung weit hinaus. Durch die Besonderheit des verbundenen Atmens wird die feinstoffliche Lebensenergie im Körper vermehrt — sie ist der westlichen Schulmedizin zwar z. T. noch unbekannt, in östlichen oder westlich-esoterischen Weisheitsschulen jedoch seit Jahrtausenden ein wesentlicher Bestandteil im Energiemodell von Körper und Universum. Die Japaner und Chinesen nennen sie „Ki" oder „Chi", die Inder „Prana", Reich „Orgon" und Bergson „élan vital". Diese Energie durchzieht die Meridiane des Körpers bis hin in jede Zelle.

Verbundenes Atmen belebt diese Energieströme noch viel deutlicher als nur tiefes Atmen, wie etwa beim Yoga oder beim Sport. Es erfrischt und belebt, und Sie können diese Belebung oft sehr deutlich in Ihrem Körper spüren, so als würde die Lebensenergie jeder einzelnen Zelle erhöht — indem die zelluläre Atmung intensiviert wird.

Einen hohen Prana-Spiegel in Ihrem Körper nehmen Menschen dann wahr, wenn sie Ihnen eine „gute

Ausstrahlung" bescheinigen. Diesen Zustand können Sie durch Rebirthing-Atmen zurückgewinnen, was gleichbedeutend ist mit einem intakten Immunsystem, dem effektivsten Schutz vor Infektionen. Rebirthing-Atmen bringt Sie wie jede Atemtherapie zu einer deutlich reduzierten Anfälligkeit für Krankheiten.

Die Erfahrungen auf körperlicher Ebene können auch aus ‚Mitteilungen' Ihres Körpers zu Ihrer Lebenssituation bestehen, etwa wenn Sie Ihr in der Sitzung besonders dick erscheinendes Knie darauf hinweist, daß es ansteht, „den nächsten Schritt zu tun". Mehr dazu unter 3.4).

3.2 Rebirthing als emotionale Erfahrung

Körperlich gut zu lokalisierende Schmerzen weisen allerdings oft (auch) auf unterdrückte/festgehaltene Emotionen hin, die Sie in einer Sitzung wie durch eine Lupe genauer wahrnehmen. So kann ein Schmerz im Brustbereich sich nach und nach immer deutlicher als eine jahrelang bestehende (seelische) Verletzung zu erkennen geben, eine Verletzung Ihres Herzens. Unter Umständen werden Sie sehr genau spüren, welcher Art die Verletzung ist, sich erinnern, wo sie herkommt, wann sie ausgelöst wurde und wie sie vielleicht als Angst vor erneuter Verletzung in Ihnen über Jahre fortbestanden hat — womöglich kaum gefühlt, aber als latentes Leiden und andauernde Vorsicht verkleidet.

Das intensive Atmen — also eigentlich die Steigerung der Lebensenergie — wird Sie an den Kern des Gefühls heranführen, es aktivieren und es erneut erleben lassen. Zuvor oder gleichzeitig werden Sie wahrscheinlich in intensiveren Kontakt mit Gefühlen anderen Menschen gegenüber kommen, d. h. z. B. Eifersucht, Wut oder Traurigkeit verspüren, die einen aktuelleren Anlaß haben. Wenn Sie dazu neigen, Probleme mit Ihrem Partner oder anderen Ihnen wichtigen Menschen eher intellektuell zu lösen oder Gefühlen aus dem Weg zu gehen (z. B. durch Arbeiten oder gezieltes Unterdrücken), wird das verstärkte Atmen Ihnen zeigen, was „wirklich in Ihnen steckt". Sie werden endlich zulassen dürfen, wie sehr Sie sich beschweren oder klagen wollen.

Hierbei wird Sie Ihr Rebirther unterstützen, Mitteilungen nicht über viele Worte (wie in der Gesprächstherapie), sondern über Laute, Töne und Körperbewegungen zu machen. Das auszudrücken, was der Körper ausdrücken möchte (nicht der Verstand!), ist oft ungemein befriedigend und erleichternd: Die Kehle öffnet sich, der „Kloß im Hals" verschwindet, die „Wut im Bauch" löst sich auf.

Bei dieser Art des „expressiven Rebirthings" wird Wert auf die Echtheit und Angemessenheit des Ausdrucks gelegt; allzu dramatische Inszenierungen sind ebensowenig echt wie jammernde oder nörgelnde Mitteilungen. Wenn Sie jedoch zu den Menschen gehören, die es sich ihr ganzes Leben versagt haben, Gefühle auszudrücken, werden einige Sitzungen dieser

Art für Sie von großem Nutzen sein, bis Sie wissen, daß Sie das dürfen und können. Diese Erfahrung wird Sie darin unterstützen, auch im Alltag schneller über Ihren Ärger, Ihren Schmerz oder Ihre Eifersucht zu sprechen, anstatt Sie weiterhin „hinunterzuschlukken".

Nach einer längeren Zeit der Selbsterfahrung mit dem Atem werden Sie jedoch merken, daß „äußere", auf andere gerichtete, „unterdrückende"[7], aggressive Gefühle/Emotionen (wie z. B. Eifersucht) in sich oder „darunter" meistens Gefühlszustände/Empfindungen wie Trauer, Angst und Schmerz verbergen.

Das Wahrnehmen dieser Ihnen eigenen „unterdrückten" Gefühle („feelings") wird dann mehr und mehr zur eigentlichen Aufgabe. Auch hier wird Ihr Rebirther Sie unterstützen, Ihren Körperimpulsen atmend nachzuspüren und z. B. traurig zu sein, wenn Ihnen danach ist. Dann kann es Ihnen gelingen, diese Traurigkeit weniger auszudrücken, als vielmehr zu erleben und zuzulassen („loszulassen"), wobei die Tränen fließen und Ihr Körper sehr entspannt.

Auch starke Gefühle wie Ärger (über sich selbst) oder Schmerz werden so durch genaue Beobachtung beim kreisförmigen Atmen zu einer speziellen „Energieladung", für deren Wahrnehmung Sie sich nun die Zeit lassen, die Sie immer nicht zu haben glaubten (aus Angst oder aus Scham). Das Herantasten an solche Gefühle, die „Integration in Ekstase", zeichnet die Rebirthing-Atmung vor allen anderen Atemtherapien aus. Mit der Unterstützung eines erfahrenen Rebirthers wagen Sie es nun, ein Ihnen sehr unangenehm scheinendes Gefühl zu erkunden, d. h. es zu fühlen und anzunehmen. Hier können Minuten wie Viertelstunden erscheinen, da Ihr Verstand Ihnen stets zuflüstern wird: „Es geht nicht" oder „Es darf nicht sein".

Durch Weiteratmen und Entspannen werden Sie sich jedoch allmählich so annehmen und ausleben, wie Sie wirklich in diesem Moment sind — ein Prozeß des Zusammenwirkens der „5 Elemente". Dabei trainieren Sie Ihr Bewußtsein, aus der Position des „Zeugen" dem Gefühl zuzuschauen und im Idealfall zu erkennen, welcher Primärgedanke (vgl. Kap. 3.5) aus Ihren ersten Lebenstagen dahintersteckt. Besonders das Erkennen des abwertenden Gedankens, der das Gefühl erzeugt, führt zu einer nachhaltigen Transformation.

Sie lernen u.U. auch, dramatische und belastende Erfahrungen aus der aktuellen Lebenssituation besser zu verstehen. So wird Ihnen etwa deutlich werden, daß Ihre (wütende) Eifersucht auf Ihren Partner eigentlich Schmerz und Angst vor Verlassenwerden ist. Dadurch entstehen neue Möglichkeiten des Ehrlich-Seins, des Sich-Zeigens in vorher nicht zugelassenen „echten" Gefühlen.

Dazukommen kann die Auflösung durch Erinnerung: Vielleicht werden Sie durch Fühlen und inneres „Sehen" erkennen, daß Sie schon als kleines Kind Angst vor dem Verlassenwerden hatten. Sie merken dann, daß eigentlich nicht Sie sich mit Ihrem Partner auseinandersetzen, sondern das kleine Kind in Ihnen mit Ihrer Mutter oder Ihrem Vater. Dann kann es für Sie sehr erleichternd sein, das Kind in Ihnen den Schmerz oder die Angst aus dem 2. oder 3. Lebensjahr noch einmal (oder endlich einmal) ausdrücken und fühlen zu lassen.

„Es bricht ein Chaos der Gefühle in mir auf — Angst, Wut, Trauer, Einsamkeit, unbestimmte Sehnsüchte steigen in schneller, verwirrender Folge in mir hoch. Ich weine. Ich bin ein hilfloses Kind, einsam in seinem Schmerz, den es ganz allein ‚besiegen' mußte. Das habe ich gelernt: den Schmerz so lange zu bekämpfen, bis ich ihn nicht mehr spüre. Der Körper hat alle diese ‚bekämpften' Gefühle gespeichert, er ist ein einzigartiger Gefühlsspeicher. "[8]

Im Laufe einer Rebirthing-Therapie werden Sie diese Auseinandersetzung mit Mutter oder Vater allmählich verwandeln: Sie werden ihnen mehr und mehr verzeihen und sich mehr mit Ihrem Verhalten und Ihren „Ur-gedanken" befassen (vgl. Kap. 3.5).

Vielleicht fallen Ihnen all die ermahnenden, abwertenden und „regulierenden" Botschaften Ihrer Eltern ein — die Sie womöglich von Ihrem Partner wiederzuhören glauben — oder tatsächlich hören. Leonard Orr nannte dies die „Mißbilligung der Eltern", bei der Sie eine Reihe Ihrer Eigenschaften und Wünsche zu verbergen begannen und sich vieles nicht mehr trauten. Manchen Menschen fällt eine ganze Liste von solchen „destruktiven Erziehungsbotschaften" ein:[9]

„Nur wenn Du Großes leistest, wirst Du von uns geliebt."

„Wenn Du sexuell erregt bist, finden wir das peinlich."

„Nur wenn Du der Beste bist, mögen wir Dich."

„Nimm die Hände da weg, das ist pfui."

„Wenn Du nicht alles erzählst, bestrafen wir Dich."

„Sei dankbar, daß wir uns so opfern."

"Nur wenn Du chaotisch-kreativ bist, mögen wir Dich."

„Das kannst Du nicht."

„Wenn Du nicht da wärst, könnten wir das Leben genießen."

„Solange Du die Füße unter unseren Tisch steckst, bestimmen wir."

„Das ist zu gefährlich für Dich."

„Wehe, wenn Du . . ."

„Dazu bist Du noch zu klein/zu jung."

So kann Ihnen allmählich bewußt werden, was Sie zu Ihrer „Fassade" und was zu Ihrem Schatten (zu Ihren nicht-gelebten Seiten) gemacht haben, — der bei bestimmten Gelegenheiten in sehr unangenehmer Weise hervorbricht.

Vielleicht lesen Sie dieses Buch gerade deshalb, weil Sie mit Ihren Schatten nicht zurechtkommen, Ihrem unerklärlichen zeitweiligen Ärger, Ihren Verlassenheitsgefühlen, Ihrer Trauer, Ihrer Angst. Besonders Männer haben viel mehr mit abwertenden Kommentaren zu ihrem Penis und zu ihrer Sexualität zu schaffen, als sie im Tagesbewußtsein vermuten würden, und versuchen diese mit Leistungsstreben und coolem Machertum zu kompensieren. Wieviel Verletzung und Wertlosigkeit sich dahinter verbirgt, ahnen die wenigsten Männer.[10]

Nun wird jedoch kein Rebirther versuchen, über diese Lebensphase lange mit Ihnen zu reden, so wie es die Psychoanalyse tut. Erklären und analysieren ist zwar sehr interessant, bringt aber weder Erleichterung noch Transformation. Nur das wirkliche Erleben der Gefühle und ihr Annehmen bringt Sie dazu, danach die Freiheit Ihres jetzigen Erwachsenen-Lebens wirklich zu realisieren. So kann es also sein, daß Sie die Wut oder die Angst aus jener Lebensphase noch einmal sehr real spüren müssen, — bis Sie merken, daß sie zu der VERGANGENHEIT gehören und Sie die Macht der Wahl in der Gegenwart haben.

Überlegen Sie sich gut, ob Sie so viel Freiheit verkraften, oder ob Sie bei hergebrachten persönlichen Sitten und Gebräuchen („Ich muß . . .", „Ich darf doch nicht . . .") bleiben wollen. Denn: Viele Menschen werden sich über Sie wundern — ja, Sie sogar kritisieren, wenn Sie sich ändern.

Übrigens: Manche Menschen, die sehr nach solchen destruktiven Erziehungsbotschaften leben, (statt einfach ihren Wünschen zu folgen), werden sich früher oder später mit inneren Krankheiten herumschlagen. Doch auch bei Magen-, Galle- oder Nierenleiden und all den anderen psychosomatischen Krankheiten ist Atmen (in der richtigen Dosis! — vgl. 3.1) immer eine mögliche Begleittherapie — in Absprache mit dem Arzt.

Gefühle, die in Sitzungen nach oben kommen, haben allerdings oft auch keine Worte, weil sie aus der Zeit stammen, als *Sie* noch keine Worte hatten, nämlich aus dem ersten Lebensjahr.

Viele Säuglinge haben viel mehr Einsamkeit erlebt, als für sie gut war — alleingelassen von Eltern, die meinten, dies sei die beste Methode zum Erwachsen- und Selbständig-Werden. In solchen Zeiten des nutzlosen Rufens, Klagens und Weinens können sich Gedankenmuster eingenistet haben wie: „Meine Anstrengung ist nutzlos", „Andere hören mich nicht" oder „Ich habe keine Aufmerksamkeit verdient". Dieser Schmerz (und gelegentlich auch die Gedanken) können sehr plastisch wiedererlebt werden.

„Die Spannung in meiner Brust nahm zu. Da fühlte ich plötzlich einen stechenden Schmerz des Herzens. Eine Lawine von Eindrücken stürzte auf mich ein: Meine Eltern haben mir das Herz gebrochen! Ich bin ein Kind — mein Brustkorb ist der eines Kindes. Meine Eltern und ich sind im Garten vor unserem Haus, es ist ein wunderschöner Sommernachmittag, der See glitzert im Sonnenlicht. Die Natur, die Sonne, meine Eltern, sie sind in vollkommener Harmonie und Liebe miteinander verbunden — und ich habe keinen Anteil daran. Ich schreie. Ich will doch nichts anderes, als auch dabeizusein, will eure Liebe. Warum gebt ihr mir das nicht? Aber es ist unmöglich für mich, mit ihnen zusammenzusein. Ich habe einen Eisenring ums Herz.

Und im Moment dieses Herzschmerzes ist der Ring aufgesprungen. Ich höre Worte aus einem Märchen: Heinrich, der Wagen bricht. — Nein, es springt nur ein Ring von meinem Herzen.

Ich fließe aus mir heraus, ein Strom von Leid und Liebe. Ich fühle: ‚Ich liebe euch, auch wenn ihr mich nicht liebt.‘ Es fließt einfach, egal, ob ich verletzt werden kann oder zurückgewiesen oder angenommen werde. Es ist ein Strom aus meinem Herzen.“ [11]

Das Verzeihen, das hier am Abschluß geschildert wird, ist das Auffüllen dieses Schmerzes mit Liebe — und erst dadurch geschieht Transformation. (Körper-) Therapien, die dieses Element nicht enthalten, bleiben dementsprechend auf der Ausdrucks- oder Fühlebene (vgl. Kap. 4) stecken.

Vielfach werden erst in solchen (non-verbalen) Atemsitzungen Gefühle aus dieser vor-sprachlichen, vor-intellektuellen Zeit reaktiviert. Nur zu oft haben Eltern hier mit Maximen „erzogen“ wie: „Man muß das Kind erst einmal ein paar Nächte durchschreien lassen, dann wird es schon ruhig werden“. Die daraus resultierende Hilf- und Hoffnungslosigkeit ist allzuoft sehr sehr tief vergraben; und sie harrt auf Verwandlung:

„Das Sonnengeflecht schmerzte stark. Seitdem ich von ‚oben‘ zurückgekehrt war, habe ich nur bis dorthin atmen können. Ganz langsam gegen den furchtbaren Schmerz atmete ich wieder durch. Es gab immer wieder Momente ungeheurer Verzweiflung, das Ge-

fühl ‚Ich schaff's nicht'. Und wenn ich dann nach-
dachte, überlegte, wie ich meinen Atem ordnen soll-
te, ging überhaupt nichts mehr. Auf dem Höhepunkt
dieser Phase fühlte ich mich als ganz kleines Kind.
Mir war, als seien die Schmerzen, Demütigungen,
Verletzungen meiner Kindheit auf diesen Punkt mei-
nes Bauches konzentriert. Ich konnte diesen Punkt
nicht beseitigen, und ich gab noch einmal auf. Ir-
gendwie konnte ich mich der Musik überlassen, dem
Klatschen, den Stimmen. Jetzt war ich es, der gezo-
gen wurde, gerufen und angefeuert von solchen, die
wußten, wie es mir ging. Es blitzte immer mal wieder
der Schmerz über dem Brustbein auf, auch in den
Leisten, aber ich begann seltsam zu schweben, dann
zu fliegen. Unter mir zogen Formen vorbei, immer
schneller, ich konnte nichts dagegen tun, ich konnte
auch nichts erkennen. Dann war mir, als fiele ich in
meinen Körper zurück. Ich lag ruhig da, eine Hand
nach oben, eine nach unten. Ich wollte jetzt beides.
Dann ein Gefühl der langsamen Rückkehr. Es war
sehr schön."[12]

Andere Menschen werden im Gegensatz dazu überhaupt nicht in Ruhe gelassen und entwickeln sich zu
„Hyperaktiven":

„Ich wurde immer trauriger und hatte ein ganz selt-
sames Gefühl. Ich verbinde es mit sehr frühen Zeiten
meiner Kindheit, aber es war auch etwas darin, was
ich nicht kenne. Ich konnte nämlich nie einfach so
sein, schon gar nicht wurde ich dafür gemocht, ich
mußte immer etwas *tun.* Diese Traurigkeit habe ich

immer bei mir behalten, und so ist sie irgendwann
ganz verlorengegangen."[13]

Fast jeder Mensch kommt in seinem Rebirthing-
Prozeß an Erinnerungen aus dieser Lebenszeit, tritt in
Kontakt mit den prägenden (einseitigen) Mustern, um
dann in seine Mitte zu kommen. Erst dann entwickelt
sich Freiheit im Spannungsfeld von Tun und Nichts-
tun, Allein-Sein und In-Kontakt-Sein — eine Grundvoraussetzung für ein ausgeglichenes Erwachsen-Sein.

3.3 Rebirthing als Geburtserfahrung

Vielfach sind die Gefühle, die Sie bei bestimmten Erlebnissen Ihres Lebens wieder- (oder neu) erleben, die
prägenden Gefühle Ihrer ersten Lebensminuten oder -
stunden. Ja, wir wissen heute sogar, daß das Ungebo-
rene schon im Mutterleib sehr intensiv wahrnimmt
und erlebt, daß es je nach dem Verlauf der Schwangerschaft angenehme und unangenehme Erlebnisse hat.
Alle Erlebnisse während der Schwangerschaft und der
Geburt prägen Ihre Persönlichkeit, auch wenn diese
dem normalen Tagesbewußtsein nicht zugänglich
sind. Wenn Sie jedoch einmal bei einer Geburt dabei
gewesen sind, werden Sie verstehen, daß dies DAS
prägende und dramatische Ereignis Ihres Lebens war.
Sie sind aus der sicheren Umgebung des Mutterleibs
herausgepreßt worden bzw. haben sich selbst aus diesem zu eng werdenden kleinen Lebensraum befreit.
Und dieser Lebensraum war für Sie lange so etwas wie
ein Paradies: mit sicherer Versorgung und ständigem

Eingebettet-Sein in die vertraute Quelle Ihres Seins: die Zellen Ihrer Mutter.

Auch an diese Zeit werden Sie sich womöglich in Sitzungen erinnern — an die Ruhe, die Geborgenheit, den Frieden, die EINHEIT. Dies kommt besonders beim Warmwasserrebirthing vor (vgl. Kap. 6).

Stanislav Grof hat der Zeit vor und bei der Geburt („Perinatal") vier Erlebnismuster zugeordnet („perinatale Matrizen").[14] Die Zeit im Mutterleib bezeichnet er als die *„Ureinheit mit der Mutter,* zu der oft Gefühle von Ruhe, Heiterkeit, Glück und Ehrfurcht gehören:

„Zusammengerollt wie eine Kugel an einem Faden, so als ob ich mich immer zusammengerollt kopfüber entrollend in eine andere Kugel verwandle, die sich im Rollen bewegt — schwerelos. Ein unbeschreibliches Gefühl von Bewegung, das mich weinen ließ, als ob ich nur aus Glückseligkeit im Weinen existiere. Ich segle mitten durch den Raum, tauche ins Blaue wie in Wasser, das nicht naß war. Es war überwältigend schön, rotleuchtend und hell von oben, der Raum schien blau, Luft und Wasser waren eine Materie, ohne Widerstand, in der ich als leuchtende Kugel rollte. Anschließend fühlte ich mich ganz leicht, fast schwerelos. In mir flutete und pulsierte es noch über Stunden; mir war, als ob alle Poren geöffnet seien", (weiblich, 44, vierte Sitzung; die hier erfahrene beglückende Beweglichkeit wirkt als heilende Erinnerung auf die im Alltag erlebte körperliche Starrheit). — *„Ich sah ein violettes Licht und dann mich selbst frei im Weltraum schweben. Und ich fühlte das auch:*

Ich bin der einzige Mensch im ganzen Universum —
das ist unheimlich schön. Ich bin ohne Ziele, ohne Ge-
wicht, ohne Vergangenheit, ohne Gegenwart, ohne
Zukunft, ohne Zeit. "[15]

Allerdings können auch unangenehme Erfahrungen
aus der Zeit der Schwangerschaft in Ihre Erinnerung
zurückkehren. Vielleicht hat ein häufiges Gefühl von
Bedroht-Sein hier seinen Ursprung — durch einen
Schock (Unfall), den Ihre schwangere Mutter erlebte,
durch Überdosen von Nikotin oder Alkohol, die schä-
digende Wirkungen entfaltet haben, oder auch durch
permanenten Streß.[16]

Die Geburt selbst ist aber stets ein mehr oder weniger traumatisches Ereignis, vielleicht das „Wurzel-
trauma" schlechthin.[17]

Machen Sie sich bewußt, daß „Ihr Weg" der Bewußtwerdung mit dem Geburtsereignis begann:
Durch die beginnenden Wehen wurde „Ihr Paradies",
die Gebärmutter zusammengepreßt — und Sie mit ihr.
Der Weg durch den engen Geburtskanal begann; vielleicht fühlten Sie sich erdrückt und eingeengt und er-
litten dabei Ihre erste Angst vor dem „übermächtigen
anderen". Vielleicht fühlten Sie sich eingeklemmt, ge-
fangen, in eine Falle geraten oder unsicher, ob es je-
mals ein Ende dieser Prozedur geben würde. Da kann
es gut sein, daß Sie wütend wurden bei dem Gedanken
(vgl. Kap. 3.5), festgehalten und behindert zu werden,
unfrei zu sein.

Die zweite Phase ist nach Grof der *„Antagonismus*
mit der Mutter". Das Kind sondert ein Hormon aus,

das über eine Stimulation des Hormonhaushalts der Mutter die Wehentätigkeit beginnen läßt. Die dann beginnenden Kontraktionen können durchaus auch als intensiv-lustvoller Kontakt erlebt werden — jedoch nur wenn die Austreibungsphase schnell genug beginnt. Zu lang anhaltende Wehen erzeugen vielmehr solche Erfahrungen des Eingeschlossenseins und der Hoffnungslosigkeit — in Verbindung mit Angst, Wut oder Schmerz.

Sind solche Gefühle für Sie typisch, oder gehen sie gar einher mit Atemschwierigkeiten, mit Herzbeklemmungen, Erstickungsgefühlen o. ä., dann kann hier das Wiedererleben in einer Atemsitzung zur allmählichen Auflösung führen:

„Mein Haupterlebnis war Angst und das Gefühl, standhalten zu müssen. Standhalten einem Druck — ob von außen oder innen, konnte ich nicht auseinanderhalten —, der mich zerdrücken wollte. Und ich hatte Angst, nicht dagegen anzukommen, zermalmt zu werden. Ich ,fühlte' meine Eltern, die mich mit ihren Forderungen ständig unter Druck gesetzt hatten. Und ich hatte den Eindruck, entweder zu sterben oder mit großer Eigeninitiative mich zu wehren. Zeitweilig fühlte ich mich verlassen wie ein kleines Kind, das sich selbst nicht mehr spürt. Und ich hatte das Bedürfnis, durch Berühren meines Gesichtes, meines Körpers, mir zu zeigen, daß es mich gibt, obwohl ganz massiver Druck auf mich ausgeübt wird. Ich fühlte mich vergewaltigt und verlassen, als mein Kopf festgehalten wurde. Dann verlor ich den Kontakt nach draußen. Ich

spürte nur noch Angst und das Gefühl, es allein machen zu müssen. Ich hatte das Gefühl, meine Arme und Beine seien an den Körper gefesselt — ich kann mich nicht bewegen. In einer großen Hülle lag mein gefesseltes, ganz kleines Ich" (weiblich, 39, erste Sitzung). — „Ein tiefes Gefühl von Sinnlosigkeit wurde deutlich. Das Gefühl der Sinnlosigkeit meines Tuns beherrschte mich. Alles sinnlos, mein Handeln, mein Leben. Es gibt keinen Sinn. Ich höre auf, mich zu wehren. Ich schrie und schluchzte. Die Sinnlosigkeit wurde immer deutlicher. Das Leben ist sinnlos. Mir geht es nur schlecht. Ich hob meine Hände, suchte meine Mutter, suchte Liebe. Da war nichts, niemand hilft mir. Ich rollte mich in Embryostellung zusammen. "[18]

Erst das intensive Wiedererleben bei gleichzeitiger Entspannung und Annahme der dahinterliegenden Grundgedanken (vgl. Kap. 3.5) kann eine derartige Sicht des Lebens verändern.

Die dritte Phase des „Perinatal" ist nach Grof die *„Synergie mit der Mutter":* Das Kind bewegt sich durch den Geburtskanal, wobei es sehr starken Druck und Schub erlebt, die Vorwärtsbewegung aber auch durch eigene Aktivität mehr oder weniger unterstützt. Wenn diese Phase einigermaßen schnell verläuft („Normale Geburt"), wird sie als eine intensive Auseinandersetzung mit einer anderen Kraft / einem anderen Menschen gespeichert, an deren Ende Befreiung und Erleichterung steht. Dem entspricht dann beim „gesunden" Menschen der innere Beschluß „Meine

Kraft ist in Ordnung" bzw. „Kraft von außen nützt meinem Vorwärtskommen".

Sehr oft jedoch wird diese Phase recht lange dauern, ja, bedrohlich werden. Dann können hierzu eher Erfahrungen des Festgeklemmtseins, des Kämpfens um Befreiung oder der Hoffnungslosigkeit (etwa bei einer betäubten Mutter) gehören. Das Wiedererleben in Atemsitzungen ist oft dementsprechend bedrohlich und weist entsprechende Merkmale auf: starker Druck, Atemnot, Zittern, Zucken, Schütteln des Körpers etc. Dabei entlädt sich die seitdem festgehaltene Energie. In solchen „Tod- und Wiedergeburtserfahrungen" gehen Qual und Ekstase ineinander über, bis hin zu extremer Identifikation mit der Opfer- oder Aggressorhaltung. Grof nennt sie dementsprechend die dionysische oder „vulkanische" Ekstase.

„Aber langsam fühlte ich, wie ein ungeheurer Druck meinen Körper, insbesondere auf der linken Seite, immer stärker und stärker zusammenpreßte, daß es fast nicht mehr auszuhalten war. Da ich mit dem Atem schon eine recht große Erfahrung hatte, wußte ich, daß ich mich nur zu entspannen und dem Prozeß Raum geben brauchte. Ich versuchte, immer mehr loszulassen, was mir leidlich gelang. Nur der Druck auf meinen Körper, auf meine Arme wurde deswegen nicht weniger, sondern immer stärker. Nach einiger Zeit ließ dieser Druck nach und es wurde um mich herum etwas heller; ich begann zu frieren, ich zitterte am ganzen Körper und hatte richtig Zähneklappern. Ein Gefühl großer Einsamkeit machte sich

in mir breit. Womit ich aber am meisten zu kämpfen hatte, war der Eindruck, daß sich mein Bewußtsein langsam aber sicher davonmachen wollte. Es ist schwer, diesen Prozeß zu beschreiben, wenn man ihn nicht selbst erlebt hat. Es fühlt sich an, als ob der Strom der Bewußtheit immer weniger und immer dünner würde, und ich reagierte mit heftigem Herzklopfen auf diesen Zustand. Einerseits dachte ich mir, daß dies wohl eine meiner Geburtserfahrungen war, daß offenbar meine Geburt mit großen Schwierigkeiten verbunden sein mußte und ich nach der Geburt offenbar nicht genau wußte, ob ich das alles überleben würde. (Laut Berichten von Personen, die bei meiner Geburt anwesend waren, verlief sie tatsächlich ziemlich kompliziert.) Diese entsprechenden Todesängste kamen in dieser Sitzung noch einmal ganz deutlich und ganz drastisch zum Vorschein. Obwohl ich, glaube ich, sehr geübt bin, im Steuern der eigenen Energie und im Steuern des Atemprozesses, machte es mir große Mühe, mein Bewußtsein bei mir zu behalten. Ich entspannte mich willentlich, so tief es irgendwie ging, und fühlte aber ganz genau, daß ich sehr einsam, sehr hilflos und sehr verlassen war. Dann kam die Therapeutin und legte mir einfach die Hände auf den Körper und auf den Kopf und schlagartig fühlte ich mich sehr viel besser, konnte noch viel besser entspannen, wußte, daß ich nicht allein auf der Welt war. Nach einigen Minuten hatte ich plötzlich die Gewißheit, nicht sterben zu müssen und das Leben in seiner ganzen schönen Unkompliziertheit leben zu können. Es war, wie dem Leben neu geschenkt worden zu sein.

Ein großes Hungergefühl stellte sich ein. Mit dem Hungergefühl verschwanden langsam alle die vorherigen drastischen Ereignisse und ich kehrte langsam wieder zu meinem Platz, an dem ich mich befand, zurück." [19]

Hier kündigt sich schon der Übergang zur vierten Phase an, der *„Trennung von der Mutter"*. Diese Phase ist gekennzeichnet durch einen sehr plötzlichen Wechsel: das Erreichen des Ausgangs und das unvermittelte In-der-Luft-Sein: ein völlig anderes Element als Umgebung, ein Temperatursturz um vielleicht 17° C, laute Geräusche, helles Licht — das muß einem fühlenden kleinen Wesen fast zwangsläufig Angst machen oder sogar Schmerz bereiten. An den Beinen hochgezogen und geschlagen zu werden, natürlich erst recht, und, was wohl noch schlimmer war: das abrupte Durchtrennen der Nabelschnur. Hierdurch wurden Sie gezwungen, ohne Übergang sofort Ihre Lungen mit Luft zu füllen, die dafür noch kaum vorbereitet waren, so daß auch hier Schmerz Ihr erstes intensives Gefühl gewesen sein kann.

Hier kann ein bleibender Schaden im Hinblick auf tiefes und volles Atmen entstehen — erst seit wenigen Jahren sind vereinzelt sanfte Geburten (nach Leboyer) mit allmählicher Umstellung von Nabelschnurversorgung auf Atmung üblich. Die Gefühle, die entstehen, wenn Sie dann noch auf eine kalte Waage gelegt und in Textilien verpackt worden sind, können Sie sich entweder ausmalen oder u. U. in Rebirthing-Sitzungen wiedererleben. Ihre Haltung des Protestes, die Ihnen vielleicht eigen ist, hat womöglich hier ihren Ursprung.

Protest, Zorn, Hilflosigkeit, Angst und Schmerz — wer wird das nicht erlebt haben, wenn er danach gar für „fast immer" von der Mutter getrennt worden ist? Außer für die Minuten des Stillens (nach der Uhr) . . .

„Ich wurde an den Beinen hochgezogen und höher und höher. Ich zappelte in der Luft, hilflos wie ein Neugeborenes. Ich schrie aus Leibeskräften.

Dann explodierte etwas mit unvollstellbarer Kraft in mir. Es flimmerte und blitzte vor einem glühenden Hintergrund. Dann einen Moment lang eine totale weiße Leere, kein Bewußtsein mehr von irgend etwas. Dann spürte ich, wie ich langsam wieder auf den Boden heruntergelassen wurde, und von dem Moment an erfüllte mich eine grenzenlose Traurigkeit, ich lag auf dem Boden und war nur noch Traurigkeit.

Ganz vage sah ich Bilder einer Landschaft, durch die ich mich als Kind hatte treiben lassen; die Felder, der ,Lilienberg', der Wald. Die Landschaft meiner Kindheit, durch die ich ungezählte Tage allein gestreift bin. [. . .]

Auf dem Boden lag ich, von dieser Traurigkeit erfüllt. Und plötzlich konnte ich sie in Worte fassen: „Das arme Kind." Diese Worte kamen aus mir heraus — und mit ihnen konnte ich meine Trauer hinausweinen, immer stärker und lauter. Ich löste mich in dieser Traurigkeit und in dem Weinen auf. Ich wurde getröstet. Ich war mit dieser Traurigkeit nicht allein.

Irgend etwas schaltete sich ganz tief in mir um: Ich konnte mich schwach und hilflos zeigen, Hilfe annehmen und um Hilfe bitten. ‚Helft mir' — zwei Worte, die ich noch nie gesagt hatte, kamen jetzt wie selbstverständlich. Nie hat dieses Kind um Nähe, Zuneigung, Liebe gebeten — und der Erwachsene auch nicht.

Stärke, die aus großer Einsamkeit stammt und aus der Angst, verlassen zu werden. Ein Lebensmuster: der Versuch, Nähe durch Stärke herzustellen. "[20]

Eine Fortsetzung solcher Gefühle in Ihr jetziges Leben ist ziemlich wahrscheinlich — in Verbindung mit ähnlichen, analogen Situationen oder Lebensumständen. Wut über Partner, die Sie verlassen, oder Schmerz über Allein-Sein kann eine regelrechte „Neuauflage" dieser Ursituation oder ähnlicher Situationen aus der Kindheit sein.

Hierbei herrscht ein einfaches, aber sehr tiefgreifendes psychisches Gesetz: Ihr Körper wird sich immer wieder in ähnlichen Gefühlssituationen wiederfinden, bis Sie das Gefühl *meistern*, d. h. annehmen (vgl. Kap. 3.2). Dazu ist es in der Regel nötig, eine intensive emotionale Erinnerung in einer Weise zu Ende oder nachzu erleben, bis die „Gestalt" geschlossen ist, bis die Gefühlsladung im Körper verteilt (als Blockade aufgelöst) ist und Sie sich im Zustand des entsprechenden Gefühls nicht mehr abwerten. Erst dann können Sie um das bitten, was Sie brauchen: Ihr Rebirther wird Sie halten und Ihr altes Weltbild ist zusammengebrochen (nach dem Ihnen genau das nicht zustand)!

In Rebirthing-Sitzungen wird dementsprechend Angst, Traurigkeit und Schmerz aus dem Geburtsablauf dann „zurückgeholt" werden, wenn es zur Vervollständigung Ihrer Persönlichkeit bzw. Ihrer Fähigkeiten zu Fühlen not-wendig ist. Erst dann machen Ihnen auch kleinere Angst- und Schmerzanlässe im Leben keine „Angst mehr", d. h. Sie werden nicht mehr versuchen, sie zu umgehen oder zu betäuben (durch Genußmittel wie Alkohol, Zucker, Arbeit u. a.). Dies gilt auch, wenn Sie zu den eher „passiv-lethargischen", gehemmten, „melancholischen" Menschen gehören. In Rebirthing-Sitzungen wird Ihnen vielleicht bewußt, daß das damit zusammenhängt, daß Ihrer Mutter während der Wehen betäubende Medikamente verabreicht worden sind. Nachdem Sie diesen Zustand in *Ihrem* Körper wiedererlebt und auch verstanden haben, kann Ihr Rebirther Sie unterstützen, Ihre eigene Kraft (neu) zu entdecken. Nun können Sie sich die Erlaubnis geben, *eigenständiges* Handeln zu entwickeln.

Umgekehrt können „hyperaktive", aggressive Menschen, deren häufigste Gefühle Druck und Wut sind, erkennen, daß diese Haltung auf einen Geburtsablauf zurückgeht, in dem sie hart um ihr Leben kämpfen mußten. Dementsprechend werden sie sich auch im Leben viele Kämpfe suchen und an der Möglichkeit von Unterstützung zweifeln. Sollten Sie eher zu diesen gehören, so wird Ihnen das Entspannen *in* Ihrer Kraft, anstatt sie unnötig zu mißbrauchen, eine völlig neue Erfahrung verschaffen (vgl. Kap. 3.5).

„Bei der Geburt zurückgehalten zu werden, weil der Arzt noch nicht bereit ist, ist eine übliche Praxis. Das Vorwärtsdrängen, das Zurückgehaltenwerden und die daraus resultierende Frustration und Wut können leicht prototypisch werden. Als Erwachsener kann sich dieser Mensch in Projekte stürzen, nur um von anderen, ängstlichen Personen zurückgehalten zu werden. Hier wird das Vorwärtsdrängen und Zurückgehaltenwerden unbewußt die Geburtssequenz wiedererwecken, und das Ergebnis werden übertriebene Wut und Ungeduld sein. Oder das aggressive, drängende Verhalten, das einen aus dem Geburtskanal herausbrachte, kann zum vorzeitigen Tod durch Überarbeitung führen oder persönliche Beziehungen außerordentlich schwierig gestalten. Ebenso kann die prototypische Reaktion der Passivität als lebensrettende Taktik das Erwachsenenleben lähmen. Sie hemmt den Drang, nach etwas zu streben, etwas zu leisten, Erfolg zu haben, motiviert zu werden."[21]

Mit Hilfe des Rebirthing-Atmens können Sie sich Ihre „Prägung" anschauen, sie erfühlen und sich bewußt machen, ohne daß Sie von den entsprechenden Gefühlen überwältigt werden. Vielmehr werden Sie in einer Reihe von Sitzungen nach und nach an der Auflösung Ihrer Prägung arbeiten, bis Sie mehr ins Gleichgewicht kommen. Es lohnt sich — denn: Die gelungene oder mißlungene Zusammenarbeit mit Ihrer Mutter beim Passieren des Geburtskanals ist die prägende Matrix (das Grundmuster) für Ihre Fähigkeit zur und Ihre Art und Weise von Zusammenarbeit mit anderen Menschen überhaupt.

3.4 Rebirthing als bildhaft-gleichnishafte Erfahrung

Zwar erleben die meisten Menschen Erinnerung und Integration vorwiegend körperlich-fühlend, doch gibt es daneben oder dabei auch eine Ebene des bildhaften Sehens. Es kann also sein, daß Sie während Ihrer Sitzung, ähnlich wie im Traum, einen sehr plastischen Film verfolgen, der Ihnen für Sie Wichtiges aufzeigt — sei es als Erinnerung oder als symbolisch-gleichnishafte Erfahrung.

Solche symbolischen Prozesse sind sowohl von der Psychoanalyse Freuds (Traumdeutung) als auch von der Tiefenpsychologie C. G. Jungs (Archetypen) und der psychedelischen/psycholytischen Therapie (Grof, Leuner, Widmer) intensiv erforscht worden. Unser Gesamtbewußtsein, unser SELBST, verwendet anscheinend solche bildhaften Darstellungen, um unserem Tagesbewußtsein szenische Aspekte (von uns) einzuspielen, deren Integration (Zur-Kenntnisnahme) an der Reihe ist. Dadurch formt sich Schritt für Schritt eine bewußtere Gesamtpersönlichkeit.

So kann etwa das Geburtserlebnis sehr bildhaft nacherlebt werden:

„Ich war in einer Kugel und lag auf dem Boden. Diese Kugel war wie eine Art von Seifenblase, sie war

*schön, warm, mit einer Sonne und Wiese darin, und
ich fühlte mich sehr, sehr wohl. Dann plötzlich war
ich auf einem Felsen, der mindestens 1000 m hoch war
und unten rauschte das Meer, und obwohl ich normalerweise starke Höhenängste habe, war dies dort nicht
der Fall. Ich bin dann mit einer Art Bob hinunterge-
fahren von diesem hohen Felsen in das Meer und diese
Fahrt hinunter war ganz schön, war ohne Angst und
als ich unten ankam, da hatte ich irgendwie eine Art
von heller Empfindung, wie eine helle orange Lampe.
Anschließend allerdings hatte ich starke Kälteempfindungen, ich hatte richtig stark gefroren und seltsamer-
weise einen Riesendurst nach Milch. "²²*

Das Annehmen von Krisen als Prozesse des Typs
„Tod und Wiedergeburt" begleitet das Wachstum der
reifenden Persönlichkeit, ja, macht dieses Wachstum
geradezu aus. Sie bewußt anzunehmen ist die eigentliche Erfahrung des LEBENDIG-Seins:

*„Dann war ich plötzlich auf einem schmalen Weg,
mitten in einem Dschungel. Die Pflanzen bogen sich
über den Weg und bildeten so eine Gasse. Ich rannte
diesen Weg entlang; es ging mir gut. Plötzlich sah ich,
daß die Gasse am Horizont ganz hell war, richtig grell.
Die Helligkeit tat weh, und ich wollte nicht mehr weiter, ich wollte in der Dunkelheit bleiben und versuchte, meinen Lauf zu stoppen. Es ging aber nicht, ich
bewegte mich gegen meinen Willen auf diese schreck-
liche Helligkeit zu. Sie war unsagbar schmerzhaft,
und als es mir schien, daß sie nicht mehr auszuhalten
sei, wurde alles schwarz um mich herum, und ich sah,*

*wie sich in der Dunkelheit ein großes schwarzes Kreuz
abzeichnete. Ich wußte, das ist der Tod. Ich stand dem
Tod mit Entsetzen gegenüber, doch er war unaus-
weichlich. Und je mehr ich mich ihm überließ, um so
ruhiger wurde ich. Im Moment meines völligen Ak-
zeptierens schlug das Bild um, und ich schwebte plötzlich in einem blauen Himmel zwischen Schäfchenwol-
ken."*[23]

Es kann auch vorkommen, daß Ihnen in einer
Atemsitzung bildhaft eine Alltagssituation erscheint,
deren emotionale Ladung oder Bedeutung Sie plötzlich begreifen:

*„Ein Mann, der ohne Krawatte nicht leben konnte,
kam eines Tages mit kurzärmeligem offenen Hemd zu
mir und erzählte, daß ihm erst einige Zeit nach seiner
letzten Sitzung bewußt wurde, daß er ein Geburtserlebnis hatte. Er hatte in der Sitzung ein Würgegefühl
gespürt. Und nach genauerem Nachforschen fand er
heraus, daß sich während der Geburt die Nabelschnur
um seinen Hals gewickelt hatte. Eine Frau sagte in
einer fast atemstillen Phase ihrer Sitzung ganz er-
staunt ein paarmal hintereinander: „Der Fahrstuhl,
der Fahrstuhl, das ist es!" Jedesmal, wenn sie in einem
Fahrstuhl fuhr, hielt sie vor Angst den Atem an. Sie
wußte nicht, was los war. Sie hatte sich an die Geburt,
an die Enge und an die Bewegung im Geburtskanal
erinnert und an den Durchbruch in eine andere
Welt."*[24]

Manche Menschen halten sich für die ewig Benach-
teiligten und ihr Leben sieht auch ganz so aus, als hät-

ten sie recht, so als sei ihnen anscheinend nichts anderes vergönnt. Sie trauen sich nur wenig, bestimmt und fordernd aufzutreten, oder andere in ihre Schranken zu verweisen. Sie fühlen sich schuldig, wenn sie Ansprüche stellen. Für diese Menschen kann es sehr heilsam sein, diese „Täterrolle" einmal sehr real zu erleben:

„Ich bin im Gefängnis oder vielmehr in einem Kerker. Zuerst bin ich eingesperrt, sitze hinter dicken Gittern, dann bin ich die Kerkermeisterin, die für Zucht und Ordnung sorgt. Ich fühle mich in der Rolle ziemlich wohl: über das Schicksal anderer Menschen bestimmen zu können, sie zu schikanieren . . . es folgen Kriegsbilder. Ich kämpfe in vorderster Front zu Pferde eifrig mit, ohne Rücksicht auf Verluste. Dann sehe ich ein Bild vor meinen Augen aufsteigen, unten links und rechts schwarz, darüber viel Lichtes; gelb, türkis, grünlich, bläulich. Ein gottähnliches Wesen erscheint und sagt zu mir: Das macht ja deine Vollkommenheit aus, daß du alles in dir hast.

. . . Dann werde ich zum indianischen Zauberer, der an einer Zeremonie teilhat. Ich wollte tanzen, rufen, schnaufen, und mich durchfuhr ein nie gekanntes Macht- und Kraftgefühl. Ich hörte Elefantengebrüll und war so angesprochen, daß ich antworten mußte. Jagd kündigte sich an. Ich war wie von einem Fieber besessen, fühlte den Speer in meinen Händen. Als ich den Speer in einen Löwen rammen wollte, konnte ich plötzlich nicht mehr und rief verzweifelt „Bongi, Bongi" und drohte, vor Traurigkeit umzukommen."[25]

Erst eine solche Konfrontation mit der bisher nicht gekannten, ja, geleugneten aggressiven (weil abgelehnten) Kraft kann dann zu einem ausgeglichenen Umgang mit Kraft und Sanftheit führen (vgl. Kap. 3.5 und 5).

In seltenen Fällen trägt Sie der Rebirthing-Atemprozeß in Vergangenheiten vor Ihrer Geburt. Falls es für Ihren spirituellen Wachstumsprozeß wichtig und notwendig ist, wird Ihnen Ihr SELBST eine Erinnerung aus einer früheren Epoche einspielen. Sie können eine solche Szene auch als einfaches bildhaftes Erleben begreifen, so wie ja auch die Reinkarnationstherapie die Authentizität einer Erinnerung nicht für entscheidend hält.[26]

Wichtig ist die Gefühlsladung des Erlebten, das sich in Ihnen zur Integration/Transformation manifestiert. Oft werden Ihre eigenen Verhaltensmuster in besonders extremen Varianten erscheinen, so daß Sie erkennen, wie sehr Sie mit ihnen identifiziert sind und wie Sie langsam eine Loslösung ins Auge fassen können. U.U. sehen Sie auch eine „karmische Ursache", d. h. ein Ereignis aus einem früheren Leben, das Ihnen eine stereotype Reaktion einprägte.

Dabei haben solche Erinnerungen die gleiche Intensität und den gleichen Bezug zu Ihrer Persönlichkeit wie solche, die Sie vor wenigen Tagen erlebt haben: Karmische Erfahrungen können lebendig werden durch tiefe freundschaftliche oder liebevolle Beziehungen zu anderen Menschen, durch außergewöhnliches Verständnis oder tiefes gegenseitiges Erkennen.

Häufiger sind jedoch eher dramatische Emotionen wie Aggression, Eifersucht oder Haß, ja, Rachedurst oder Habgier. Oft steckt dahinter ein uralter Gedanke des „Heimzahlen-Wollens" — nach dem Modell des „Auge um Auge, Zahn um Zahn". Viele Menschen, die erkennen, daß solche Wünsche älter sind als die Zeit, die sie leben, begreifen ihre Intensität und können durch Verstehen das destruktive Band zwischen ihnen und „dem anderen" dann allmählich lösen. Sie begreifen, daß es eine Neuauflage eines zirkelhaften Verstricktseins darstellt — in der Absicht, das Opfer-Täter-Spiel immer weiter zu führen, wenn auch mit ständig vertauschten Rollen.[27]

Erst wenn sie in der Täterrolle Schuld durch Scham ersetzen und die zwanghafte Erzeugung von immer neuer Schuld erkennen (um eine eigene Verletztheit nicht zu fühlen), werden sie frei, mit der Rolle aufzuhören. Umgekehrt werden alle in der Opferrolle bereit sein müssen, ihre Verletzung und ihre Wertlosigkeitsgedanken wahrzunehmen (beim Atmen), anstatt andere (verbal oder mental) anzuklagen.

Auch hier geschieht also Transformation durch Verzeihen (sich selbst oder dem anderen), was sich dann meistens in Glücks- oder Befreiungsgefühlen äußert. In Sitzungen, die in sehr tiefe Schichten des (kollektiven) Unbewußten führen, kann es dementsprechend vorkommen, daß Sie Opfer- oder Täterszenen bzw. -rituale aus verschiedenen Kultur- und Religionskreisen bildhaft erleben. Dazu gehören etwa Bilder von der Kreuzigung Christi, Visionen von Gottheiten wie Dionysos, Osiris oder Kali bzw. von Muttergöttinnen wie Isis oder Maria.[28]

Im Verlauf eines längeren Prozesses der Auseinandersetzung mit der eigenen Stärke kann dann sehr bildhaft die Integration erlebt werden:

„Ich beschließe, hinters Haus an den See zu gehen, um mir den Sonnenuntergang anzusehen. Statt der Sonne erblicke ich einen riesigen Vulkan auf der anderen Seite des Sees. Seine Spitze erglüht, er bricht aus und schleudert Asche und Lava heraus. Die anderen Leute, die plötzlich da sind, rennen begeistert auf den Berg zu, wollen das Schauspiel aus der Nähe erleben. Ich komme mit, obwohl es mir gefährlich erscheint. Der Vulkan bricht erneut aus, und fast werde ich von einem Lavabrocken getroffen. Ich möchte zurück, mich in Sicherheit bringen, und versuche, die anderen Leute auch davon zu überzeugen. Aber sie gehen immer weiter auf den Vulkan zu. Ein neuer Ausbruch, diesmal spuckt der Krater einen großen glitzernden Kristall aus. Gleichzeitig kommt jemand direkt am Fuß des Berges aus einer Felsspalte hervor: Es ist eine zerlumpte, zerschundene Frau, die verletzt aussieht und heruntergekommen, aber trotzdem sehr viel Glanz ausstrahlt.“[29]

Auch Gefühle von Trauer und Freude werden in Rebirthing-Sitzungen gelegentlich so intensiv in beiden Extremen erlebt, daß deutlich wird, welche Begrenzung das Leben in der Grauzone dazwischen darstellt. Erst die Erlaubnis zum Fühlen verschafft Ihnen wieder Zugang zu diesen beiden Aspekten des Mensch-Seins:

„Ich gab meinen Widerstand auf, paßte aber gut auf, was passieren würde — nichts Unangenehmes. Ich begann zu weinen — einfach so. Nach einiger Zeit erschien mir ein Bild: eine Sonne über dem Wasser, alles in Orange, in Farbnuancen, die ich nicht wiedergeben kann. Das Bild strahlte viel Ruhe aus, Freude und Wärme. Ich weinte, es erschien eine Träne in dem Bild, aus der die Sonne schien.

Es rührte mich so tief an, daß ich noch mehr weinte. Und Trauer vermischte sich mit Freude, eins ist nicht ohne das andere fühlbar und denkbar, zwei Seiten derselben Sache, begriff ich intuitiv. Und mir fiel ein, wie lange ich mich schon von dieser Welt abgetrennt hatte und auch abgetrennt wurde, wie durch eine Glasscheibe, seit meiner Kindheit. Nun fühle ich mich dazugehörig — ja, verdammt, ich gehöre als kleiner Teil dazu.

Das Bild vor mir wird räumlich tiefer — und ich fühle die Einheit. Ich gehöre dazu.

Dann spürte ich einen Druck auf meinem Bauch als Druck gegen meine Energie. Ich fange an, mich wild zu bewegen, die Bewegungen werden immer koordinierter, und dann auf einmal ein Bild: Vor meinen Augen erscheinen chromblitzende Sprossen, die einfach so, ohne Zusammenhalt, in den blauen Himmel führen. Links und rechts Wolken. Meine Hände ergreifen die Sprossen, ich erklimme die Leiter, und ich spüre, wie ich von unten nach oben aufsteige."[30]

Solche Erfahrungen können rein fühlend, oder wie hier mit Bildern, oder einfach in Kontakt mit Erinnerungen (u.U. auch ausgelöst durch das Anschauen des Therapeuten oder des Rebirthing-Partners) erlebt werden (vgl. Kap. 2.1). Viele Bilder vermitteln Ihnen sehr plastisch Zugang zu mehr Ganzheit, zu mehr Verbindung mit sich selbst und dem Sinn Ihres Daseins:

„In dem Ei ist eine Kraft, die ich als Stärke brauche, in jeder Hinsicht: körperlich, seelisch, geistig. Sie entfaltet sich mit Gelassenheit. Das ist noch neu für mich. Aber ich fühle mich wohler und gehaltener in der Welt als früher. Das liegt daran, daß ich zu etwas Göttlichem gefunden habe, dem ich mich anvertrauen kann, das mir Kraft gibt. Dies Gefühl einer grundsätzlichen Sinnhaftigkeit festigt sich in mir.“[31]

Dabei kann Ihnen Ihr Unterbewußtsein auch sehr konkrete Hinweise über das intensive Fühlen und Sehen von bestimmten Körperteilen geben, indem eine symbolische Botschaft übermittelt wird. Ein als groß empfundener Fuß kann bedeuten, daß es für Sie ansteht, mehr auf dem Boden der Tatsachen, mehr „auf großem Fuß" zu leben. Ein als sehr groß erlebter (gesehener) Unterkiefer zeigt Ihnen vielleicht, wie groß Ihr Groll eigentlich ist, den Sie so oft zu verbergen suchen. Ein Bild von blutendem Zahnfleisch verweist Sie darauf, wie schwer Sie sich tun, Entscheidungen zu treffen.[32]

Sehr oft erscheinen am Ende von Sitzungen Bilder der positiv gesehenen/gestalteten Zukunft — so wie Sie sie sich nach der Lösung von belastenden Gefühlen oder Erinnerungen zu sehen trauen können: Bilder, die Ihr Leben zeigen, wie Sie es im Detail leben

wollen, Visionen realer Dinge und Menschen. Diese
Szenen prägen sich so tief ein, daß Ihre Verwirklichung nicht sehr lange auf sich warten läßt — denn intensiv Visualisiertes kann Ihnen kaum vorenthalten
bleiben, das hat die moderne Bewußtseinsforschung
herausgefunden.[33]

Dabei kann es vorkommen, daß Ihnen spontan vi-
sionäre Szenerien wieder erscheinen, die Sie kennen
oder bereits beiläufig gesehen haben. Eins der stärksten Bilder (oder Gedanken) dieser Art stammt von
Leonard Orr selbst:

*„Dieses Leben, auf dieser Erde, ist das Paradies;
und wer das nicht versteht und lebt, muß wieder gehen."*[34]

3.5 Rebirthing als gedanklich/seherische
Erfahrung

In vielen Fällen stellen sich auch — besonders im letzten Drittel von Sitzungen — erhellende und klärende
Gedanken, ja, Botschaften ein. So kann es vorkommen, daß Sie nach einem Erlebnis von Kampf und
Anstrengung erkennen, daß Sie es in Ihrem Alltag oft
so und ohne Erfolg machen und daß der Schlüssel im
„Mehr-um-Etwas-Fragen" liegt. Dazu ist es nötig, daß
Sie sich erinnern, daß Sie *es wert* sind zu bekommen.
Zusammenhänge der Lebensgeschichte, der Kindheit
und der Säuglingszeit mit frühen negativen Gedanken
werden deutlich, nach denen Sie vielleicht in verbaler

Psychotherapie lange erfolglos gesucht haben. Sie stellen fest, daß Sie Ihr Leben von einer anderen Ebene des Bewußtseins aus betrachten können — von „außerhalb". Angenehm daran ist, daß die Betrachtung weder vorwerfend noch belehrend, sondern sachlich und neutral — in „Klarheit" — erfolgt. Dieses Sich-Anvertrauen an eine höhere Instanz wird danach durchaus Teil Ihres Alltags.

In solchen Erkenntnismomenten gelingt es Ihnen, Regeln Ihres Verstandes als eine mögliche Wahlmöglichkeit zu erkennen. Lautete z. B. eine destruktive Erziehungsbotschaft während Ihrer Kindheit: „Nur wenn Du Großes tust, wirst Du geliebt", — so erkennen Sie, wie Sie schon sehr früh angefangen haben, möglichst viel zu leisten. Die Erkenntnis besteht darin zu sehen, daß es daneben eine andere Botschaft gibt: „Ich werde geliebt, wenn ich einfach nur da bin." Sie haben diese Botschaft zwar sehr wenig gedacht, haben also auch wenig Bestätigung dafür gefunden — sehen aber nun, daß es auch diese Möglichkeit gibt.

Wir werden noch sehen, wie man solch „Neues Denken" trainiert (vgl. Kap. 5).

Die gedankliche Erfahrung vermittelt Ihnen also Einsichten in das, was Sie, wenn Sie es sich selbst gestatten, *auch* dürfen. Für die einen bedeutet es vielleicht Müßiggang, für die anderen Selbstbehauptung. Das kann enorme Konsequenzen für Ihren Alltag haben, wenn Sie nicht mehr nur den negativen Botschaften Ihres Ego folgen, das Anstrengung, Einsamkeit und Leid für richtig hält. Ihnen wird bewußt, daß die wohlgemeinten Ratschläge mancher Menschen, ja sogar Therapeuten, Sie müßten immer „da durch" (durch das Schwere, Leidvolle), nichts anderes sind als eine Neuauflage des Kampfs durch den Geburtskanal.

Sehr oft erkennen Menschen in solchen Momenten, wie oft sie Liebe abgelehnt haben:

„Ich habe als Kind — im Zusammenhang mit der Geburt meiner Schwester — beschlossen, die Liebe meiner Eltern nicht zu brauchen. Habe Ringe um mein Herz gelegt, damit mir keiner mehr ‹das Herz brechen› kann. Das, vor dem ich mich schützen wollte, ist: offen sein, weich sein, und dann kommt jemand und stößt mich zurück. Da stoße ich doch lieber von vornherein jeden weg, der mir nahe kommen könnte! — Ein wichtiges Erlebnis war das Aufspringen des Rings an meinem Herzen. Immer wenn ich jetzt in die Herzgegend hineinspüre, ist da ein leises, warmes Strömen. Ich habe das Gefühl, in meine Brust eingezogen zu sein. Da sitzen mein neu gewonnener und auch gefestigter Optimismus und mein positives Lebensgefühl. "[35]

Anderen wird es möglich, die Konsequenzen Ihres eigenen Tuns deutlicher zu sehen und zu korrigieren:

„Als er nach einiger Zeit wieder in die „Wirklichkeit" zurückkehrte, war er darauf bedacht, die Türe offen zu lassen, da er sich vorgenommen hatte, nach der „Verarbeitung" dieses Erlebnisses weitere Aspekte seines Unterbewußten anzuschauen. Wichtige Folgerungen waren ihm aus dieser Erfahrung: Erstens, die

Auswirkungen seines Verhaltens auf andere mehr zu
bedenken, und zweitens, so weit wie möglich, Wieder-
gutmachung zu leisten."[36]

Es muß letztlich Ziel jeder guten Therapie sein, negative Erziehungsbotschaften (vgl. Kap. 3.2), von denen ja eine ganze Liste zur Auswahl steht, als Wider-
spiegelung eigener negativer Grundannahmen in bezug auf den eigenen Wert zu erkennen. Mit anderen
Worten: Sie erkennen die dahinterliegenden negativen
Ego-Programme (oder „Lebensprogramme").[37] Die
Wesentlichen heißen:

„Ich bin nicht liebenswert"
„Ich bin wertlos"
„Ich bin unterlegen"
„Ich bin ungenügend"
„Ich bin nicht gut genug"
„Ich bin eine Zumutung"
„Ich bin unfähig"
„Ich bin schlecht"
„Ich bin dumm"
„Ich bin ungeeignet"
„Ich bin schrecklich"
„Ich bin hilflos"
„Ich bin hoffnungslos"
„Ich bin machtlos"[38]

Die Umkehrung solcher fataler Beschlüsse (vgl.
Kap. 5) ist die eigentliche Transformation. Sie fördert
gleichzeitig Schattenseiten Ihrer Persönlichkeit „ans
Tageslicht", die Sie womöglich sonst durch extremes
Erleben integrieren müssen:

„Ein sehr plastisches Beispiel dieser Dissoziation in Fassade und Schatten hatte ich bei einem jungen Mädchen erlebt, das schilderte, daß sie zu Hause immer als „heilige Jungfrau"erzogen wurde. Ihr Vater versuchte sie mit allen Mitteln zu einer Art Heiligen hochzustilisieren, was letztlich dazu führte, daß sie, sobald es irgendwie möglich war, in die nächste Großstadt zog und dort auch ziemlich schnell eine Anstellung als Bardame fand. Sie konnte sich sehr lange Zeit nicht von der Faszination freimachen, die alles, was mit Halbwelt oder Unterwelt verbunden war, auf sie ausübte. "[39]

In solchen gedanklichen Erfahrungen kann Ihnen auch sehr deutlich bewußt werden, daß Sie aus einer ganzen Reihe von Teilpersönlichkeiten bestehen, die alle erkannt und bewußt gelebt werden wollen. Da gibt es (für Frauen): den romantischen Teenager, die sich zurückziehende Mutter, die rebellierende Tochter, das verletzte Kind, die Lustvolle, den Antreiber, den Kontrolleur, die schenkende Mutter usw. Sie erkennen vielleicht plötzlich, wie sehr Sie eine solche Seite von sich permanent unterdrückt haben. Besonders heilsam kann es dann sein, dieses „nicht-gelebte Selbst" in einer „Voice Dialogue-Sitzung" reden zu lassen[40], in der man die einzelnen Stimmen separat zu Wort kommen läßt.

Sie nehmen so bewußten Kontakt zu Archetypen (wie z. B. dem Tyrann, dem Märtyrer, dem Einsiedler usw.) auf, wobei Sie möglicherweise auch tiefer bis zum Gruppen-Unbewußten oder kollektiven Unbewußten vordringen können. Sie können sich mit von Ihnen abgelehnten Rollen oder Formen des Menschseins verbunden fühlen und diese plötzlich als Teil auch Ihrer Möglichkeiten begreifen lernen.[41]

Im Verlauf eines längeren Rebirthing-Prozesses kann dementsprechend Ihr von Ihnen erstelltes Bild über sich selbst und andere, über Normen und Werte, relativ heftig zusammenbrechen, was Sie gleichzeitig aus Verstrickungen und Verhaftung sehr wohltuend erlöst. Dieser „Ich-Tod" eröffnet Ihnen völlig neue Möglichkeiten, in größerer Toleranz und mit mehr Mitgefühl zu denken und zu leben — auch wenn dem eine Krise vorangehen mag. So ist es also wichtig zu wissen, daß letztlich jede Krise eine Möglichkeit zur Befreiung aus dem alten „Ich-Gefängnis" darstellt, so daß von Angst geprägte Einstellungen zur Welt regelrecht absterben. Dies können sowohl Minderwertigkeitsgefühle sein als auch das Bedürfnis, alles unter Kontrolle zu haben oder auf alles vorbereitet zu sein bzw. anderen etwas zu beweisen.

Wenn in diesem Sinne das „alte Ich" stirbt, d. h. die Persönlichkeit so erweitert wird, daß von der alten nichts mehr erkennbar ist, dann wird das Ergebnis größere Lebensfreude sein, ja, der Mut, das Leben wirklich als Herausforderung zu sehen, und darin zu bestehen.

Wenn das Erproben von Neuem einhergeht mit spiritueller Befreiung, kann die Vergangenheit mehr und mehr als Übungsfeld des Noch-Unbekannten gesehen werden, — in der es Unfähigkeiten oder Ungeschicklichkeiten gab, aber letztlich kein Versagen oder Schuld. Allerdings ist das Auflösen von Angst, Depression oder Schuld erst möglich durch tiefes Annehmen derselben. Erst hierdurch stellt sich Er-Lösung und Ver-Gebung ein, so daß es möglich wird, anderen wieder unbelastet zu geben und die Welt als einen schönen und sicheren Ort zu sehen — mit all den Begrenzungen, die der Mensch in seinem Ego-Denken darin erschaffen hat.[42]

Längeres Training mit dem Rebirthing-Atem hat Auswirkungen auf Ihr Denken. Dadurch, daß Ihr Atem immer öfter gleichmäßig und verbunden fließt, gelangen Sie öfter in Zustände von geistiger Klarheit, in denen es Ihnen gelingt, kreativ und konstruktiv zu denken. Als Voraussetzung dafür werden Sie immer öfter bereit sein, die Realität so anzunehmen, wie sie ist, d. h. sich zu ergeben. Erst dann sind Sie frei, das zu Verändernde wirklich mit Entschiedenheit zu verwandeln.

Erst wenn Sie bereit sind, die Menschen so zu lassen, wie sie sind, können Sie anfangen, all die geistige Energie zu nutzen, die Sie bisher mit dem Verändern-Wollen anderer vergeudet haben. Denn: „Unsere Anstrengung, die Realität, die nicht zu ändern ist, zu ändern, kostet uns das Leben"[43], bzw. erst einmal unsere Lebendigkeit.

Das schließt ein, daß Sie dann, wenn Sie aufhören, Verhältnisse oder Menschen ändern zu wollen, daran gehen können (aus dem Frieden mit sich und der Welt heraus), zu tun, was Sie für notwendig halten. Dabei werden Sie sich mehr und mehr als Teil einer übergreifenden Ordnung begreifen, — deren wichtigstes Ziel es ist, Ihnen zu zeigen, daß Sie wählen, auch wenn Sie es nicht wissen — auch in bezug auf das, was Sie denken.

3.6 Rebirthing als transpersonale/spirituelle Erfahrung

Rebirthing ist eingebettet in den Ansatz der humanistischen und der transpersonalen Psychologie. Es geht nicht mehr darum, einen kranken Menschen von etwas zu heilen, (wie es die klassische Psychologie und die Psychoanalyse noch taten), sondern darum, dessen volles Potential zu entwickeln. Das bedeutet zunächst einmal, völliges körperliches, seelisches und soziales Wohlbefinden als Ziel anzustreben und dabei immer höhere Zustände der Bewußtheit zu erlangen.

Sie kommen zu einer kreativen Lebensgestaltung und zu immer größerer Wahrnehmung Ihrer Freiheiten, so wie auch zu einem immer intensiveren und spirituelleren Verständnis der Welt. Sie erleben womöglich in Sitzungen, daß Ihr Tagesbewußtsein, Ihr „Ich", etwas sehr begrenztes ist, und daß es jenseits davon „etwas" gibt, von dem Sie Teil sind:

„Ich brauche Raum, Platz, will mich ausbreiten, bekomme eine Gefühl von Weite. Dann ist es, als ob ich etwas aus diesem Raum herausschleudere. Ich mache wegwerfende Handbewegungen. Ich will es

nicht mehr haben. Weg damit. Schließlich mache ich große rudernde Bewegungen mit meinen Armen, die meinen ganzen Körper mitziehen. Dann geschieht etwas Wahnsinniges: Ich stelle meine Ellenbogen zu beiden Seiten meines Körpers auf und richte die geöffneten Handflächen nach oben. Von dort empfange ich eine unfaßbare Energie, noch intensiver als die vorher beschriebene. Meine Hände zittern, als würde Strom durch sie hindurchfließen. An den Fingenspitzen spüre ich ganz deutlich einen Druck, als würde ich dort berührt werden. Ich strecke meine Hände noch höher dieser Energie entgegen. Die Hände bewegen sich dabei, ziehen tanzende, sich öffnende und schließende Kreise. Bei jeder Drehung meines Handgelenks spüre ich neue Vibrationen, die in meinen Körper weiterfließen. Ich tanke Lebensenergie. Alles fließt. Ich spüre, daß diese Energie immer da ist, aber daß ich mich durch meine Blockaden normalerweise davon abhalte, sie wahrzunehmen. Jetzt scheint der Strom gar nicht mehr zu versiegen, und in völliger Konzentration sauge ich diese Energie auf und spüre die Verbundenheit zu einer höheren Quelle, die diesen Strom speist. Das gibt mir die Gewißheit, daß ich an diese höhere Quelle angeschlossen bin. Ich bin sehr dankbar. Es ist eine konkrete Erfahrung von Spiritualität, von einer anderen Energie, Ebene und Realität, als ich sie normalerweise erfasse."[44]

Solche Erfahrungen bleiben unvergeßlich und prägen eine völlig neue Lebenshaltung, die mit herkömmlicher Therapie nur selten zu erreichen ist. In diesem

Sinne ist Rebirthing weit mehr als „Therapie" (vgl. Kap. 1) und wird zur Metatherapie. Es kommen häufig Erfahrungen vor, die Ihnen die Begrenztheit, ja, Unbedeutendheit Ihrer „negativen" Gefühle und Gedanken deutlich aufzeigen:

„Als ich so daliege, erlebe ich: Das Grau vor meinen Augen reißt auf und macht den Blick auf eine grenzenlose Schwärze frei. Diese Schwärze ist so ungeheuer weit wie das All, bedrohlich und befreiend zugleich. Es ist, als ob ich plötzlich eine Mauer durchbrochen habe und nun sehe, was dahinter liegt. Es ist, als ob ich das Bedrohlichste überhaupt gesehen habe und vor diesem Moment immer Angst gehabt habe und nun spüre, daß ich das ja gar nicht brauche. Es fühlt sich an, als ob ich zum erstenmal in meinem Leben keine Angst habe — ich fühle mich ganz frei! Ich spüre tief, wie „überflüssig" die Angst in meinem Leben ist. Ich brauche keine Angst zu haben."[45]

Das heißt nicht, daß Sie Bedrohung und Angst nicht wieder erleben werden, nur: das Wissen um die *relative* Bedeutung solcher Zustände bleibt, ja, nimmt zu. Es ist, als ob das Feld Ihres Bewußtseins, das „mehr weiß", ständig zunehmen würde. Rebirthing ist hier eingebettet in ein personal/transpersonales Verständnis des Menschen, der sich zu immer höheren Stufen von Bewußtsein weiterzuentwickeln vermag, u.a. durch Meditation. Das hat Ken Wilber sehr eindrucksvoll beschrieben.[46]

Manchen ist es vergönnt, beim Atmen sehr tiefe spirituelle Erfahrungen von Glück, Verbundenheit und

Dankbarkeit zu machen, die buchstäblich die ganze Weltsicht verändern:

„Da stieg eine Energie in mir auf, die ich nicht zu beschreiben vermag. Vor mir sah ich ein gleißendes Weiß, ein Oval, das am Rand goldgelbe Strahlen hatte. Ich spürte immer mehr Energie und ihren Fluß in mir. Und je mehr ich davon spürte, um so näher kam das Oval, bis ich das Gefühl hatte, darin zu liegen. Es umgab mich, ich fühlte mich „rund", „ganz" und ließ es strömen. Mir kam das Gefühl, meine Hände von meinen Hüften aus in einem Bogen über den Kopf zu führen und von dort aus direkt über meinen Körper zusammen zum Bauch. Ich merkte, wie die Energie wuchs, als würde ich sie in mich hineinschaufeln oder -pumpen. Danach kam ein heftiges Gefühl von Austausch, Geben und Nehmen, als meine Hände sehr stark und schnell von meinem Solarplexus von mir weg und zurück pumpten. Ich mußte weinen vor Glück und Dankbarkeit über so viel Energie. [. . .] Ich kann diese Energie, die in mir ist, auch einsetzen, etwas mit ihr machen . . . und mir wurde auch klar, daß ich meine Energie verschwende bei dem Versuch, Situationen zu ändern, wo's nicht geht. Und ich sah, wie wichtig es für mich ist, hinderliche Beziehungen aufzugeben. Ich brauch' nicht gebückt und schicksalsergeben durch die Gegend zu laufen. Trotzdem und gerade dadurch fühle ich mich allem und anderen stark verbunden." [47]

In Momenten solcher Klarheit erkennen Sie, daß Ihre Lebensaufgabe einzig darin besteht, Ihre Muster zu aktualisieren und zu transformieren. Wenn Sie sich einmal in diese Haltung ergeben haben, wird Ihr Leben leichter und meditativer zugleich. Sie können völlig aufhören, anderen Menschen die Verantwortung für Ihre Gefühle oder Lebensumstände zu geben, ja, Sie sehen sogar, daß Sie Ihre negativen Lebensprogramme (vgl. Kap. 3.5) *bei* Ihrer Geburt buchstäblich selbst erschaffen haben, um sie zu erkennen und zu verwandeln!! Sie sehen, daß Sie aus Programm-Möglichkeiten ausgewählt haben, um die kennenzulernen, die Sie noch nicht so gut kannten/kennen, und daß Sie leben, um die Vielfalt, der Erlebnis-, Gefühls-, ja, Denkmöglichkeiten kennenzulernen.

Das beinhaltet ein schrittweises Sich-Lösen von Mustern, bzw. das Bewußt- zu -ihnen-Stehen:

„Der Blitz ist auch die Energie, die mich mit dem Großen in Verbindung bringt, also mit etwas, was über mir steht, was mir Licht sendet. Für diese Energie muß ich nichts tun, nur eine bestimmte Haltung einnehmen, damit ich die Stimme in mir hören kann; in ihr ist Klarheit und Wissen. Der Blitz ist auch eine Energie, die verwandelt, wobei alte Formen von mir abfallen. Dabei ist dann wenig Zeit für Umgestalten und Ummodeln. Und das ist die Seite, die mich bisher bewogen hat, das nicht zuzulassen. Aber was ich allmählich lerne, ist: daß nicht nur Altes kaputtgeht, sondern daß Richtiges entsteht. Und ich weiß, daß ich das leben muß, vor dem ich früher ausgewichen bin.“[48]

Sie kommen hier an eine Stelle, wo Sie keine Therapie mehr brauchen, sondern Sitzungen aus Freude am

Lernen und Erkennen, aus Demut vor dem Wunder der Bewußtwerdung dankbar annehmen. Rebirthing wird dann zum Geschenk, zur Gnade:

„Ich erlebte die Lebensenergie wie einen Strom von reinem Licht, reiner Energie, die durch den ganzen Körper hindurchströmte und ein Gefühl von fast überirdischer Schönheit und Wohlbefinden erzeugte. Ich war mir völlig im klaren, daß dies die unverdorbene, reine Quelle der Lebensenergie war. Während dieses Strömens allerdings tauchten manchmal einige meiner alten Angstgedanken auf: Was wäre aber, wenn die Energie doch zu stark ist . . .? Und sofort setzten Tendenzen ein, die Hände zu verkrampfen und Herzklopfen zu bekommen. Vom Erleben her war das so, als ob eine Quelle von reinstem Wasser durch das Öffnen einer Abwasserschleuse verschmutzt würde. Ich konnte Gott sei Dank diese „Schleusen" wieder schließen und die Energie in ihrer reinen Form wieder fließen lassen. Dieses Erlebnis zeigte mir eindringlich, wie die Lebensenergie wirklich beschaffen ist, und daß alle negativen Gedanken schädlich und nur schlechte Gewohnheiten sind."[49]

Wenn Sie Rebirthing lange genug praktizieren, werden Sie vielleicht solche Überraschungen erleben. Dabei werden Sie herausfinden, welche Art zu atmen (weder zu intensiv, noch zu flach-meditativ) für Sie persönlich als „Reinigungs-" und Bewußtwerdungsritual genau angemessen ist. Sie werden in Ihrem Leben zunehmend mehr Humor und Gelassenheit verspüren, ganz gleich ob Sie es Gott- oder SELBSTvertrauen nennen.

— 4 —
Rebirthing als Transzendierung des Ego

Noch einmal einige wesentliche Merkmale:

In Rebirthing-Sitzungen machen Sie — manchmal sofort am Anfang, manchmal erst später — Erfahrungen von intensiver Reinigung und Läuterung, sowohl auf körperlicher als auch auf geistig-seelischer Ebene. Sie fühlen sich aufgeladen, energetisiert, erneuert und verjüngt. Das hat mit der Anreicherung an Sauerstoff und der erhöhten Aufnahme von Lebensenergie zu tun. Sie fühlen sich „wie neugeboren" und erleben sich und handeln mehr von Ihrer Körpermitte (Hara) und Ihrem Herzen heraus (als aus dem Kopf). Der ewig besserwisserische und argumentierende Verstand nimmt in seiner Bedeutung ab. Es wird immer weniger wichtig für Sie, recht zu haben.

Eine entscheidende Etappe auf dem Weg dahin ist für viele die „Atembefreiung". Dabei wird der dramatischste Moment des Geburtsverlaufs noch einmal nacherlebt, der Atem stockt (mehr oder weniger stark) — und nach einem kurzen Moment der „Todeshingabe" setzt ein neues Erleben, ein neuer Energiefluß und eine völlig neue Entspannung ein. Gleichzeitig wird das prägende Ego-Programm verwandelt. Beschlüsse wie „Ich darf nicht da sein" oder „Ich verletze andere" verlieren ihre Gültigkeit.

„Meine Atembefreiung brachte mehrere Erfahrungen auf einmal: Ich sah mich, wie ich geboren wurde, und gleichzeitig war ich die Gebärende. Ich zwängte mich durch den Geburtskanal aus dem Mutterbauch und ich preßte mich als Mutter selbst ins Freie. Es war eine fantastische Erfahrung, zu erleben, daß ich auf körperlich-zellularer Ebene nicht getrennt war von der Mutter, spirituell aber ein eigenes Bewußtsein hatte. Andererseits schien es wieder, als hätten Mutter und ich dasselbe Bewußtsein und denselben Körper. Bis ich durch das Durchschneiden der Nabelschnur und meinem ersten eigenen Atemzug diese Verbindung verlor, weil plötzlich alles so voll aggressiver Gewalt war.

Meine Einheit ging verloren und ich wußte nicht mehr, was geschah. Ich verlor mein Bewußtsein, kämpfte, wurde selber aggressiv und schlug verzweifelt blind um mich — ich starb. Ich verließ meinen so geschundenen Körper, um später dann mit Schrecken wieder in ihn hineinzufallen. Ich war zwar wieder in meinem Körper, aber er erschien mir jetzt fremd und unbekannt. Ich fühlte mich matt und schwer, wie ein Fremder in einer fremden Welt. Erst eine Weile später, als ich aus der unbewußten Erinnerungsverwirrung zurück in mein normales Bewußtsein kam, konnte ich begreifen, was geschehen war. Diese Einsicht war erleuchtend und befreiend."[50]

Befreiend ist dieses Erlebnis deshalb, weil es den Gedanken „Die Geburt als Deine Trennung von der Mutter war *schlecht*" umkehrt in: „Du bist o.k. als selbständiges Wesen, denn Du bist ja immer verbunden mit anderen Menschen, wenn auch manchmal nur geistig-energetisch."

Wir sind hier an einem entscheidenden Punkt für das Verständnis von Therapie überhaupt. Menschen gehen „in Therapie", weil sie Hilfe und Verbindung suchen. Der Weg zum Therapeuten ist also der erste Schritt zur Wiederherstellung von (mehr) Verbindung zu sich selbst und anderen Menschen, um einen befriedigenden Austausch (materiell, körperlich, emotional, geistig, seelisch) (wieder)herzustellen. Es gibt eine Kraft in uns, die tatsächlich auf Trennung, auf Isolation, auf Allein-Sein und Abkapselung förmlich hinarbeitet. Wir nennen diese Instanz das EGO.[51] Das Ego versucht, die negativen Gedanken der allerfrühesten Lebenszeit (vgl. Kap. 3.5), die auf Trennung basieren, im Verlauf des Lebens so zu verstärken, daß sich der Mensch überwiegend (latent) schlecht oder schuldig fühlt und sich ein befriedigendes Leben immer mehr verbaut. So betrachtet sind Isolation, Streit, Krankheit und Tod beispielhafte Ziele des Ego. Es will uns weismachen, daß wir nichts anderes als das verdient haben. Wenn überhaupt, gesteht es uns noch zu, in der „Grauzone" von „Problemen", „Schwierigkeiten" und „Krisen" zu leben.

Wenn Sie wollen, versuchen Sie jetzt einfach das Ganze als Spiel, als Test zu sehen: Unser Ego testet uns, wie sehr wir ihm glauben und „auf den Leim gehen". Es schickt uns eine Menge Menschen, — Eltern, Beziehungspartner, Freunde — durch die wir unsere negativen Gedanken über uns selbst immer weiter so verstärken können, daß wir mehr Probleme als Freude haben. Was es dabei schlicht nur zu erkennen gibt ist, daß diese Menschen sich unseren unbewußten Gedankenmustern gemäß verhalten, daß sie uns SPIEGELN. Denken wir oft „Ich darf nicht dasein" oder „Ich bin nicht kraftvoll genug", so werden uns unsere Mitmenschen dementsprechend begegnen, selbst wenn wir noch so sehr dagegen ankämpfen.[52]

Wer einmal diesen Zusammenhang begriffen hat, wird langsam merken, daß Ärger immer ein Ausdruck von Verzweiflung ist, ein Ruf nach etwas, was wir dringend haben wollen. Andere zu beschuldigen nützt dann gar nichts, sie weichen dadurch noch mehr zurück. Außerdem werden wir jeden Angriff tief in uns bereuen, ja, uns noch schuldiger fühlen als vorher, als wir nur mit uns selbst unzufrieden waren.

Es gibt hieraus einen einzigen Ausweg: die Beschuldigung anderer in Ärger über *sich selbst* zu verwandeln und nachzuforschen: „Weshalb gönne ich mir nicht, was ich brauche?"

Dies setzt natürlich einen längeren Prozeß des Fühlens in Gang, der zur Erforschung der eigenen Lebensgeschichte und -muster führt. Rebirthing hat hierbei den entscheidenden Vorzug, daß es das Fühlen „reinen Ärgers" ermöglicht und den Ärger in die dahinterliegenden Gefühle wie Schmerz, Verletzung und Schuld umwandelt. Dazu gehört intensive begleitende verbale Arbeit, die Sie Ihre Beziehungen neu, nämlich als *Teil Ihrer selbst* sehen läßt. Verblüfft werden Sie feststellen, daß die Einheit mit anderen niemals verloren gegangen ist, daß Sie mit anderen Menschen zusammenleben, daß Sie auf zellulärer Ebene mit anderen Menschen EIN lernender, sich entwickelnder Organismus sind.

Vereinfacht ausgedrückt: Sie bilden mit anderen Menschen einen großen Lern-Körper, nur daß sich zwischen den Zellen, die sich z.T. kompakt zu Einzelindividuen zusammengefügt haben „Luft", d. h. andere Arten von Molekülen/Atomen befinden, je nach Abstand sehr viele oder sehr wenige.[53] Das ändert jedoch gar nichts an intensiven Lern-Beziehungen mit anderen Teilen des Lern-Körpers (Einzelmenschen). Sie können das leicht feststellen, indem Sie an einen Menschen denken, den Sie hassen, und an einen anderen, den Sie lieben: Sie spüren einen Unterschied in Ihrem Körper — unabhängig von der Entfernung.

Was Sie also tun, wenn Sie anfangen, für sich selbst die Verantwortung zu übernehmen, ist: die Verbindung zu anderen wieder klarer zu sehen (als von Ihnen ausgehend) und zu wählen, ob Sie sie stärken oder schwächen wollen, d. h. ob Sie liebevolle oder trennende Kontakte wollen.
Nichts anderes ist Therapie.

Je mehr Menschen das tun, ganz gleich unter welchem Namen, ob mit oder ohne Hilfe, umso eher wird das Leben auf der Erde eine Zukunft haben, wird Austausch statt Kampf und Trennung das geltende Prinzip sein. Vielleicht haben Sie Lust, damit *in Ihrem Bewußtsein* anzufangen.

Ich hebe Dich hoch ins Licht.

Ein biologisches Erwachen geht durch die Zellen vieler Menschen auf der ganzen Welt.

Über alle Rassen und Nationen hinweg, über politische und religiöse Glaubensbekenntnisse hinaus, größer als philosophische und psychologische Systeme, und unabhängig von geschlechtlichen Unterschieden erkennen Menschen, daß es nur einen einzigen Menschen auf der Welt gibt, einen globalen Menschen, einen Körper — sie erkennen sich selbst im Anderen.

Ich war eine getrennte Einheit, die versucht hat, alleine zu überleben.

Jetzt, wo ich Dich wiedergefunden habe, erkenne ich meine Bestimmung. Du bist das Ende aller Wege.

Ich erkenne mich wieder in Dir. Jetzt kann ich Dich in den Himmel heben. Je höher, desto besser für uns beide. Ich brauche keine Angst mehr zu haben, daß jemand anderer wichtiger ist als ich.

Wir können alle aufhören, wichtig zu sein, um erkannt zu werden. Ich mache Dich zum Wichtigsten für mein Leben.

Du bist mein Licht.[54]

Dann ist es wichtig, zu erkennen, daß die Kräfte in uns (auch auf der Erde), die das Gegenteil wollen, auch sehr stark sind (Abgrenzung, Dominanz, Herrschaft, Angst und Macht). Sie können beginnen, diese *in sich* wahrzunehmen, anzuerkennen und so zu lieben (!), daß sie keine Herrschaft mehr über Sie erlangen können. Dann zerschmelzen die „negativen" Impulse wie Butter in der Sonne, und Sie beginnen die allmähliche „Transzendierung des Ego". Es wird nicht verschwinden, aber Sie werden es so gut kennenlernen, daß Sie mit ihm zu verhandeln lernen und es keine Macht mehr über Sie gewinnen kann.

Erst dann sind Sie frei, zu wählen zwischen dem Weg der Trennung, des Streits und des Hasses — und dem Weg der Verbindung, der Versöhnung und der Liebe. Rebirthing kann Ihnen hierzu Anleitung geben, indem Sie erst einmal anfangen, sich anzunehmen mit Ihren „negativen" Seiten, sich mit ihnen versöhnen und herausfinden, wie es geht, „harm-los" zu sein: nicht sich und andere zu verletzen, sondern zu geben und zu empfangen.

— 5 —
Die Arbeit mit Affirmationen

Es gibt eine einfache und praktische Methode, die Gedanken, mit denen wir unsere Wirklichkeit regelrecht „erschaffen", zu betrachten und die Wahl bewußter zu treffen. Wenn Sie wissen, was Ihre stärksten trennenden, lebensfeindlichen („negativen") Gedanken sind, können Sie sie in ihr Gegenteil umformen und dann beobachten, wie Ihr Verstand darüber staunt. Nehmen wir an, Sie haben früh beschlossen, Sie seien für andere „eine Zumutung", so stünde demgegenüber der Gedanke: „Ich bin eine Freude für andere."

Wenn Sie diesen Gedanken in sich stärken wollen, empfiehlt es sich, dem Verstand diesen neuen Gedanken durch Schreiben täglich neu vorzuschlagen. Sie legen dazu auf einem Blatt zwei Spalten an und schreiben einen Dialog zwischen dem neuen Gedanken und den Einwänden und Kommentaren dazu.

Affirmation (neuer Gedanke)	Antwort / Einwand
Ich ___(Vorname)___ bin eine Freude für andere	Ja, aber gestern bin ich noch beschuldigt worden . . .
Ich _____ bin eine Freude für andere	Mein Freund sagt immer, ich sei . . .
Ich _____ bin eine Freude für andere	Am wohlsten fühle ich mich allein

Nach etwa 15 Minuten werden sich in der linken Spalte ca. 20 Mal der neue Gedanke befinden und rechts Einwände, Fragen, zögernde Zustimmung. Notieren Sie den neuen Gedanken und die Einwände regelmäßig über einen Zeitraum von 15 bis 25 Tagen. In einer Art Gedanken-Zentrierung werden Sie Veränderungen in Ihrem Leben bemerken. Die Wirkung wird allerdings intensiver sein, wenn Sie gleichzeitig Ihre Gefühle mit dem Rebirthing-Atem verwandeln, so daß Körper und Geist gleichermaßen angesprochen werden. Ohne all die bereits beschriebenen Wirkungen und Effekte des Rebirthing bleibt die Arbeit mit Gedanken „im Kopf". Das reine sog. „positive Denken" ist zwar hilfreich, greift aber negative Gedanken weder an ihrer Wurzel, noch berücksichtigt es die Auswirkungen und Resultate in Ihrem Emotional-Körper auf hinreichende Weise. Es käme einem schlichten Schreiben der linken Spalte gleich — ohne Wahlmöglichkeiten aufzuzeigen.

Erst das Herausarbeiten auch der Einwände „reinigt" Ihren Verstand, und wenn Sie wirklich zu einer Verwandlung bereit sind, (zu der Sie die Erlaubnis Ihres SELBST haben müssen), dann wird sie auch geschehen. Sie können allerdings darauf vertrauen, daß bei kontinuierlicher Arbeit mit dem Atem und den angemessenen Affirmationen Bewegung in Ihr Leben kommt — selbst wenn ein skeptischer Teil in Ihnen nicht daran glauben mag.

Zu Beginn der Selbsterkundungsreise empfehlen sich oft Affirmationen, die Gefühlen, die Sie abgewertet haben, grünes Licht geben. So ist es oft der erste Schritt, erst einmal eine Weile zu schreiben: „Es ist

o.k. für mich _____, traurig/verzweifelt/ärger-
lich (o.ä.) zu sein." Dies wirkt viel befreiender als:
„Ich lebe jetzt immer in Freude." Erinnern Sie sich
daran, daß es beim Rebirthing darum geht, *alles* im
Leben zu genießen."[55] Erst nach und nach gelangen
Sie dann zu spezifischen Themen, wie z. B. bei man-
gelnder Unterstützung durch andere: „Menschen lieben es, mich _____ zu unterstützen."

Wenn Ihr Weg der Selbsterkenntnis dann weiter
fortgeschritten ist, werden Sie zu einem Ihrer Kerngedanken kommen, wie z. B. „Ich bin eine Zumutung für
andere" (s.o.). Solche frühen Kerngedanken (Primär-
gedanken) zu erkennen (vgl. Liste in Kap. 3.5) und in
Affirmationen zu verwandeln, setzt Transformation
auf einer besonders tiefen Ebene in Gang. Nach und
nach werden Ihr Emotional- und Ihr Mental-(Denk-)
Körper wieder mehr in Einklang kommen, so daß Sie
viel schneller wissen, was Ihre Sie selbst abwertenden
Gedanken hinter Ihren negativen Gefühlen sind.

Es ist überwältigend, die positiven Wirkungen Ihrer
neuen Gedanken immer schneller verwirklicht zu sehen. Sie erkennen: „Denken erschafft Realität und ich
bin der Denker." Denn all das Schöne, was Sie erlebt
haben, haben Sie sich vorher ausgedacht — vielleicht
in einem kurzen Wachtraum, den Sie allerdings längst
wieder vergessen haben. Machen Sie sich klar: Ihr Bewußtsein funktioniert wie eine Rundfunkstation, die
andauernd Gedankenwellen aussendet, die das vorzu-
bereiten beginnen, was Sie erleben.[56] Alle Dinge und
alle Erlebnisse sind Kristallisationen eines bestimmten

Gedankens.[57] Ihre Lebenswirklichkeit läßt also Rück-schlüsse auf Ihre Gedanken zu, ja, sie ist sogar das einzige Mittel, um Aufschlüsse über Ihre unbewußten Gedanken zu gewinnen. Wenn Sie z. B. keine Unter-stützung bekommen, denken Sie anscheinend sehr in-tensiv „Ich habe keine Unterstützung verdient" (o.ä.).

Wenn Sie also Zeit und Aufmerksamkeit auf das verwenden, was „durch Ihren Verstand" geht, wird Ihr Leben sehr viel bewußter von Ihnen gestaltet. Das gilt auch für das, was Sie von sich sagen und wie Sie reden (auch über andere). Vermeiden Sie Pauschalur-teile, die verallgemeinern wie „Ich kann nicht", „Mir geht es schlecht" etc. Trainieren Sie, genau und spezi-fisch zu sein: „Das vorhin ist mir schwer gefallen", „Eben war ich traurig" usw. Halten Sie die Tür für einen positiven Gedanken offen!

Wenn Sie die Idee akzeptieren können, daß Ihre Realität eine Projektion Ihrer Gedanken in die Welt ist, werden Sie aufhören, das ewige Opfer äußerer scheinbar nicht beeinflußbarer Umstände und Kräfte zu sein. Sie brauchen sich nicht mehr zu beweisen, daß andere Menschen, Karma, Astrologie, vergangene Le-ben, Gott oder der Teufel Ihr Leben vorbestimmt ha-ben. Sie können und werden erleben, daß niemand außer Ihnen selbst Ihre Gefühle, Ihre Stimmungen und Lebensumstände erzeugt. Sie brauchen nicht mehr anderen die Schuld für den Inhalt Ihres Lebens zu geben, sondern können jetzt bewußt anfangen, all die Möglichkeiten zu nutzen, die für Sie bereitstehen. Jetzt können Sie Ihr Schicksal selbst in die Hand neh-

men und kreativ alle Dinge erschaffen, die Sie in Ih-
rem Leben haben wollen. Das ist die Frohbotschaft
der Freiheit.[58]

Das eigentliche Abenteuer des Lebens besteht darin, die Realität immer bewußter zu erschaffen, —
ohne sich dabei selbst zu überschätzen. Der beste
Schutz hiervor ist Dankbarkeit, das Geben und Schen-
ken und die Zwiesprache mit Ihrem SELBST/oder
Gott, in der Sie danken und bitten.

Wenn Sie erleben, daß Ihr Neues Denken Resultate
zeigt, begreifen Sie auf völlig neue, nämlich sehr konkrete Weise, was Jesus meinte mit: „Sei getrost (. . .),
Dein Glaube hat Dir geholfen. (. . .) Euch geschehe
nach Eurem Glauben". (Matth. 9, 22 + 29)

Die Arbeit mit Affirmationen ist eine Arbeit in Entspannung, Dankbarkeit und Erwartung, — ohne allerdings Termine zu setzen. Sie wirkt erst dann, wenn Sie
mit dem Rebirthing-Atem gelernt haben, sich selbst so
anzunehmen, wie Sie sind.

Stellen Sie sich vor, Sie könnten nirgendwoanders
hin als hier, wo Sie gerade sind. Und nicht einmal der
erlösende Tod würde etwas ändern. Alle Anstrengun-
gen, etwas zu verbessern, wären sinnlos, weil Sie
schon da sind, wo Sie hin wollten. Es gibt keine besse-
re Welt als die, in der Sie jetzt gerade schon leben.
Nirgends.

Stellen Sie sich vor, alle Konzepte von Vergangen-
heit, Zukunft, Gott, Natur, Paradies, alles ist IHR Be-
wußtsein und alles findet hier und jetzt statt. Stellen

Sie sich vor, Sie sind absolut perfekt so, wie Sie sind, mit all dem Leid und Schmerz und allen Illusionen. Stellen Sie sich vor, Sie sind alleine auf der Welt und erschaffen in Ihrem Bewußtsein alles, was Sie sehen und erleben, einschließlich anderer Menschen, Tiere, Pflanzen, die ganze Erde und das ganze Universum. Alles ein grandioses Spiel Ihres Bewußtseins.

Wenn Sie sich einmal in sich zurückziehen und sozusagen jenseits Ihres äußeren Körpers betrachten, wie Sie in diesem „Film" agieren, dann verschwindet der Zwang und die Anstrengung, etwas ändern zu müssen. Wenn man erkennt, daß alles schon perfekt ist so, wie es ist, wird das Leben zum Spiel, in dem jeder die Rolle spielen kann, die er spielen will.

Die Wahrheit ist, daß Sie erst etwas ändern können, wenn Sie die Möglichkeit der Wahl haben. Wenn Sie etwas ändern müssen, weil Sie glauben, daß dann alles besser wird, haben Sie keine Wahl, denn dann sind Sie Gefangener Ihres eigenen Systems.[59]

— 6 —
Warmwasser-Rebirthing

Wenn Sie genug Erfahrung mit dem Atem und Ihren Körperreaktionen im Liegen gesammelt haben (etwa nach 10 Sitzungen), kann es lohnenswert sein, Sitzungen im Wasser dazuzunehmen.

Beim Warmwasser-Rebirthing tauchen Sie mit einem Schnorchel und einer Augenmaske (oder einer Nasenklemme) in Wasser von 35—37 °C so ein, daß Sie auf den Knien des (sitzenden) Rebirthers liegen, wobei Arme, Beine und Kopf nach unten hängen. Nach einer Weile werden Sie sich in dieser Position immer mehr entspannen, wobei Ihr Rebirther Sie so halten wird, daß Sie sich selbst darum nicht mehr zu kümmern brauchen und daß Ihr Schnorchel-Rohr immer aus dem Wasser ragt. Durch dieses Rohr wird er Ihren Atem hören und mit Ihnen sprechen. Durch die Stille, die Wärme und die Beinahe-Schwerelosigkeit kommt es oft zu sehr intensiven Erfahrungen, die vielfach mit Erlebnissen der frühen Kindheit bzw. mit der Zeit im Mutterleib zusammenhängen. Das können Erfahrungen vollkommener Geborgenheit und Sinnlichkeit, von Getragen-Werden und Versorgt-Werden sein, was direkte Auswirkungen auf die aktuelle Lebenssituation haben kann. Wie immer gilt: Das positiv erfahrene Neue (wenn auch Erinnerung) hat einen in die Zukunft weisenden Effekt, d. h. Sie werden (bewußt oder unbewußt) die jeweilige Qualität/den jeweiligen Aspekt in Ihr jetziges Leben hinein„ziehen"

— ihn manifest werden lassen. Hierbei wirkt die Arbeit mit Affirmationen unterstützend (vgl. Kap. 5).

Das Gefühl der Einheit mit der Mutter, das hier sehr oft reaktiviert wird, kann zunächst Schmerz oder Trauer über fehlende ähnliche Erfahrungen im jetzigen Lebensabschnitt hervorrufen. Sie werden vielleicht merken, wie sehr Sie oft gemeint haben, dafür noch nicht gut genug zu sein.

Die Erfahrung mit warmem Wasser kann sich so ausweiten, daß Sie meinen, in einer anderen Umgebung zu sein, und sich mit dem Ozean oder Wasserlebewesen, mit der Weite des Kosmos oder mit Bildern aus dem Paradies identifizieren. Mit anderen Worten: Sie erfahren Aspekte der kosmischen Einheit[60], begleitet gelegentlich durch eine Überwindung von Raum und Zeit und sehr intensive ekstatische Gefühle („ozeanische Ekstase").

Solche Erfahrungen können allerdings direkt Erinnerungen an die Zeit kurz vor der Geburt auslösen, als es zu eng wurde und der Gedanke erschien: „Ich will hier raus", „Ich will mehr Raum für mich". Ein solcher Gedanke kann einen neuen Lebensabschnitt einleiten, der mehr Raum und Entfaltungsmöglichkeiten bietet. Ein solcher Gedanke wird aber oft als sehr bedrohlich empfunden (vgl. Kap. 3.3), so daß unter Wasser angstvolle Enge erlebt wird. Hier kann es hilfreich sein, diese Enge eine Weile sehr bewußt zu erleben, um sich dann an die Oberfläche zu bringen — eine Simulation der Geburt. Nun zu erleben, daß der Übergang aus der einen in die andere Welt angenehm und leicht ist und zudem liebevoll unterstützt wird, kann die Geburtserfahrung buchstäblich „revolutionieren", nämlich umkehren.

Der Rebirther wird zur liebevollen Mutter, die Sie im Arm hält und wiegt — ein anderes Paradies. Solche Szenen sind bei Unterwasserrebirthings in der Gruppe von rührender Verbundenheit: Alle erkennen, wie sie genau das so oft gesucht und sich zugleich verboten haben.

Ich habe eine solche Szene in den heißen Quellen von Saturnia (in Mittelitalien) miterlebt, inmitten der Schönheit der italienischen Sommerlandschaft, wobei anwesende Touristen einfach nur als willkommene Ergänzung wirkten. Hier kam ein sehr starker biblisch-religiöser Aspekt hinzu, so als hätten sich alle zu einer ganz besonderen Taufe zusammengefunden.

— 7 —
Kaltwasser-Rebirthing

In bestimmten Lebenssituationen (v. a. bei Selbstmordgedanken) oder auch zur Vervollständigung des Rebirthing-Prozesses ist das Kaltwasser-Rebirthing eine Erfahrung sehr transformierender Art.

Hierbei besteht die „Aufgabe" schlicht darin, in kaltes Wasser sehr langsam so einzutauchen, daß durch das kontinuierliche verbundene Atmen keine unangenehmen Gefühle von Kälte („Gänsehaut") entstehen, sondern das Kalt-Sein als ein anderer Energiezustand erlebt wird, in dem es möglich wird, sich zu entspannen!

Sie können es unter Anleitung Ihres Rebirthers in der kalten Badewanne oder einem Tauchbecken tun, besser eignet sich jedoch ein See mit einer sanft geneigten Böschung. Wichtig ist es, Zentimeter für Zentimeter den Körper so ins Wasser zu bringen, daß auftretende Kälteempfindungen zuerst integriert werden (etwa an den Fußknöcheln oder den Knien), bevor die nächste Körperpartie (Chakra für Chakra) an die Reihe kommt.

Sie lernen dabei Ihren Körper sehr intensiv kennen und werden merken, welche Partien auf Kälte besonders schmerzhaft reagieren. Sie werden eine Zeit brauchen, um diese derart blockierte Stelle durch Atmen zu entspannen, so daß die Energie in ihr wieder fließen kann.

Ich habe bei einem Kaltwasserrebirthing erfahren, daß die Kälte des Wassers vor allem Zittern und Zähneklappern bei mir auslöste, jedoch nicht als „Frieren", sondern sehr deutlich als Angst. Angst vor Kälte ist sehr häufig Angst vor dem Tod, bzw. Angst davor, wirklich in diesem Körper zu leben und dazu voll ja zu sagen.

Aktiviert werden fast immer alte Ängste aus bedrohlichen Situationen des (in Kälte) Alleingelassen-Seins, des Unversorgt-Seins, die zu dem Gedanken geführt haben können: „Es ist besser, hier wegzugehen". Die Verwandlung dieser Kälte- und Angstgefühle hat eine sehr reinigende Wirkung. Sie können erleben, wie Sie sich im nassen, kalten Element entspannen können und wie Sie dabei vom Wasser wie von einem klaren Gebirgsbach so „geläutert" werden, daß Sie sich immer klarer und reiner fühlen und erleben, daß SIE Meister Ihres Körpers sind.

Dann ist es überwältigend, im eiskalten Wasser zu stehen oder zu liegen und es normal zu finden — einfach auf sehr spezielle Weise „anders". Sie können dabei zusehen, wie Ihr Verstand Gedanken über Kälte („gefährlich, „unangenehm" etc.) losläßt bzw. erweitert — und wie diese Erweiterung Ihrer Sichtweise eines Sachverhalts enorme Auswirkungen auf Ihre allgemeine Kompetenz bekommt, Sachverhalte neu zu sehen.

Kaltwasser-Rebirthing ist (wie der Feuerlauf — sein Gegenstück) eine sehr „power-volle" Erfahrung, die ich jedem Fortgeschrittenen nur raten kann. Es versteht sich fast von selbst, daß es die Tendenz des Körpers zu frieren generell senkt und die Koppelung von Kälte + Krankheit („Er-Kältung") nachhaltig auflöst. Wenn Sie Kaltwasserrebirthing gemeistert haben, wird die Zahl Ihrer Erkältungen drastisch abnehmen und Sie werden Kälte im Alltag ganz anders erleben. Und: Sie werden kaltes Duschen als eine Bereicherung empfinden, die Sie tatsächlich brauchen.

— 8 —
Selbst- und Maha-Rebirthing

Wenn Sie ausreichend Erfahrung im Rebirthing-Atmen haben — nach etwa 20 Sitzungen ist das für die
meisten Menschen der Fall — können Sie einen Atem-
zyklus auch alleine durchlaufen. In Situationen, in denen Sie sich in einer „unangenehmen" Stimmung wiederfinden, einen leichten Groll oder eine diffuse
Angst empfinden, kann für Sie Hinlegen und Atmen
Klärung und Erleichterung bringen. Ich habe das im
Verlaufe meines Prozesses sehr häufig gemacht und so
eine Menge Gefühlsstaus selbst aufgelöst bzw. ihnen
„hinter die Kulisse geschaut".

Sie können sicher sein, daß Sie sich nach etwa
30—60 Minuten verwandelt fühlen, klarer und leichter. Manchmal ist die Transformation rein energetisch, manchmal auch von klaren, neuen Gedanken
begleitet. Wichtig ist, daß Sie schon intensive begleitete Sitzungen hatten, so daß Sie wissen, wie Sie in
schwierig erscheinenden Momenten weiteratmen. Mit
anderen Worten: Sie brauchen ein gutes und sicheres
Verständnis der „5 Elemente" (vgl. Kap. 2.2).

Wahrscheinlich werden begleitete Sitzungen das intensivere Erlebnis und die größere Verwandlung be-
wirken, weil das Element des Sich-Anvertrauens den
Prozeß enorm unterstützt, doch kann Selbstrebirthing
langfristig für Sie eine unentbehrliche Selbsthilfeme-
thode werden, auf die Sie immer und fast überall zu-

rückgreifen können. Der Körper produziert nämlich kleinere „transformatorische Dramen" da, wo er will, und nicht immer zum Termin Ihrer nächsten Therapiesitzung. Und dann ist es gut, die Gelegenheit zur Verwandlung sofort zu ergreifen, anstatt sie wie gewöhnlich zu verdrängen.

Für jede Partnerschaft ist es eine höchst heilsame Vereinbarung, an Stellen von sich aufschaukelnden Konflikten schnell genug STOPP zu sagen und zu atmen. Wenn Ihr(e) Partner(in) dazu nicht bereit oder in der Lage ist, bleibt Ihnen zu Ihrer eigenen Klärung immer ein Selbstrebirthing — und Sie werden das „Problem" sehr bald in einem neuen Kontext sehen können. Sie erkennen dabei auch, daß Sie selbst Ihr eigener Atem-Meister sind — und daß das letztlich auch in begleiteten Sitzungen so ist. Sie sind es, der mit eigenen Mitteln die Sitzung durchführt, und nicht der Therapeut, seine Ratschläge oder seine schlaue Methodik.

Möglicherweise finden Sie so sehr Gefallen am Atmen, daß Sie daraus Ihr tägliches Ritual, Ihre tägliche Meditation machen. Hier beginnt dann schon das „Maha-Rebirthing"[61] — das permanente Sich-Bewußt-Sein des (verbundenen) Atems. Je mehr Sitzungen und gewinnbringende Erfahrungen Sie gemacht haben, umso mehr werden Sie auch in alltäglichen Situationen den verbundenen Atem einsetzen können und wollen, sozusagen experimentell und „nebenbei".

Das kann beim Einkaufen geschehen, beim Fernsehen und beim Autofahren — ja, besonders bei wichtigen Gesprächen, in denen Sie in Ihrer Mitte bleiben wollen. Auf diese Weise ist es möglich, ein hohes Maß an Zentriertheit und Selbstwahrnehmung zu erlangen: Zen im Alltag. Sie lernen so, sich mehr und mehr Ihres Atems, Ihrer Gefühle und Ihrer Gedanken bewußt zu werden — und dabei gleichzeitig Ihrer Wünsche und Impulse. Es ist überwältigend, mehr und mehr in solcher Lebendigkeit, Wachheit und Selbst-Bewußtsein zu leben. Was dabei herauskommt, ist die alltägliche Verwirklichung der Affirmation: „Ich bin zu jeder Zeit am richtigen Ort mit den richtigen Menschen zusammen — dabei, das Richtige zu tun."

Gefühle fühlen, erleben und integrieren geschieht hier beiläufig, in „kleiner Dosis", als selbstverständlicher Teil des Prozesses, der LEBEN genannt wird. Das Leben wird so für Sie zu einer einzigen aufregenden Erfahrung, zu einer fortwährenden Rebirthing-Sitzung. Atmen, Fühlen und Denken und Handeln verschmelzen zum Prozeß des Lebendig-Seins selbst, wobei Sie immer mehr erkennen, daß DENKEN der Beginn von allem ist (vgl. Kap. 4 und 5).

Nun können Sie sich auf den Weg machen, mehr und mehr Meister Ihres Bewußtseins zu werden.

— 9 —
Für wen ist Rebirthing geeignet?

Rebirthing eignet sich in erster Linie für „gesunde" Menschen oder Menschen mit „leichten Neurosen", die ihre Vergangenheit klären wollen — für Menschen, die Gefühle verstehen und annehmen, Beziehungen abschließen und vervollständigen, Verhaltensmuster akzeptieren wollen. Dazu kommen sollte die Bereitschaft, mehr und mehr sich selbst als den/die (oft natürlich unbewußte) Erschaffer(in) der (Er-)Lebens-Wirklichkeit zu sehen.

Diese Bereitschaft zur Selbstverantwortung schließt ein, das zeitweilige Verfallen in stärker neurotische Zustände, d.h die Verstärkung von Gefühlen und Mustern als Teil des Transformationsprozesses zu begreifen. Das bedeutet, daß Sie sich vielleicht zunächst einmal öfters traurig oder klein und hilflos wiederfinden werden als „vorher", dabei aber *wissen,* daß es das ist, was Sie so lange verdrängt hatten.

Rebirthing eignet sich als Selbsterkenntnisweg am ehesten für solche Menschen, die neugierig sind, herauszufinden, mit welchen (ursprünglich unbewußten) Gedankenmustern sie ihre Lebenserfahrungen erschaffen, um dann zu lernen, sie zu transformieren — d.h. anzunehmen und/oder zu verwandeln. Hierzu ist ein spirituelles Lebens- und Weltverständnis zwar nicht Voraussetzung, aber erleichternd.

Im übrigen unterstützt es jene, die bereit sind, durch immer intensiveren Kontakt zu ihrem SELBST den sich deutlicher abzeichnenden Lebensweg bewußt(er) zu gehen. Rebirthing-Sitzungen geben hierzu Reinigung, Klärung und „Energie" (d. h. Bewußtseinsklarheit).

Rebirthing eignet sich also für alle die, die sehr konkrete alltägliche Probleme haben (Kontakt- und Beziehungsprobleme, Gefühlsstaus, Entscheidungsschwierigkeiten, Risikoarmut, Schwierigkeiten, Bedürfnisse zu äußern etc.), auch wenn sie bereits mit ersten leichten körperlichen Begleiterscheinungen („Somatisierungen") einhergehen, wie z. B. Übergewicht, Magen-/Darmprobleme, Kopfschmerzen, Schlafstörungen o. ä. Rebirthing ist kein Ersatz für ärztliche Behandlung bei bereits manifesten Erkrankungen, obwohl es Heilungsvorgänge bei richtiger (vorwiegend sanfter) Anwendung unterstützt (vgl. 3.1).

Menschen mit schweren körperlichen Symptomen (Epilepsie, Asthma, Herz-Kreislauferkrankungen u. ä.) sollten Atemarbeit nur mit sehr gut ausgebildeten Therapeuten machen, die über ein breites Spektrum an Atemtechniken und verbalen Strategien verfügen.

Für frühgeschädigte Menschen (Störungen oder Traumatisierungen in den ersten Lebensmonaten) ist Rebirthing als Langzeit-Einzeltherapie dann geeignet, wenn der Therapeut über genügend Fähigkeiten und Möglichkeiten des Bestätigens und „Haltens"/Stützens verfügt, sowohl durch relative räumliche Nähe, als auch durch kontinuierliche Arbeit und qualifizierte Ausbildung.

Dies gilt besonders bei leichten und schweren Psychosen, bei denen jedes konfrontierende „Aufdecken" über intensive Atemarbeit kontraindiziert wäre. Liebevoller, gegenwartsbezogener Umgang in Verbindung mit sanfter Atemarbeit ist hier am ehesten geeignet, diese Menschen mit ihren Gefühlen und ihren Bedürfnissen vertraut zu machen und dann das Ich zu stärken. Inzwischen bieten einige Kliniken in Deutschland Rebirthing-Atemarbeit als Teil einer vielfältigen Therapie gerade für solche Menschen an (Adressen vgl. Kap. 11).

Aufdeckendes, intensives Rebirthing-Atmen ist kontraindiziert bei Lungenemphysem, schweren Herz-Kreislauferkrankungen, schwerem Asthma sowie in der Schwangerschaft bei Frühgeburtstendenz.

— 10 —
Was Rebirthing nicht ist

Es ist nützlich, einigen (gängigen oder möglichen) Mißverständnissen vorzubeugen bzw. sie aufzuklären.

Rebirthing ist keine Aufarbeitung des „Geburtstraumas", kein erneutes „Durcharbeiten der Geburt". Obwohl gelegentlich Geburtserinnerungen hochkommen und obwohl dies zur Zeit der Entdeckung des Rebirthing im Vordergrund stand, ist Rebirthing keine „Geburtswiedererlebnis-Therapie", d. h. es besteht überhaupt keine Notwendigkeit, sich dorthin „vorzuarbeiten", da „durchzugehen". Rebirthing ist überwiegend erleichternd und angenehm.

Rebirthing ist auch nicht mit Rückführung (in frühere Inkarnationen) zu verwechseln. Das überlassen wir Reinkarnationstherapeuten, die sich auf spezielle Techniken verstehen. Wenn Reinkarnationserinnerungen erscheinen, bleiben sie Teil des spontanen Erinnerungsprozesses des Körpers (vgl. Kap. 3.5).

Rebirthing ist auch nicht mit Hyperventilation zu verwechseln. Diese tritt spontan als plötzlicher Versuch des Körpers auf, (emotionale) Spannungen oder Angst durch vermehrtes Atmen abzubauen. Ein solcher Versuch einer Rebirthing-Sitzung endet für Unkundige oft in der Hyperventilationstetanie, die nur durch spezielle Maßnahmen (sanftes Atmen oder körperlichen Ausdruck von Kraft) sinnvoll (d. h. therapeutisch) abgebaut werden kann.[62]

Rebirthing könnte eher als Superventilation, als volles und kraftvoll-entspanntes Atmen bezeichnet werden, dem alle Aspekte eines Überkippens in ein „Zuviel" von Etwas (Tempo, Volumen) völlig fremd sind. Leider verwenden auch Grof und etliche holotrope Therapeuten den Ausdruck Hyperventilation für das Holotrope Atmen, obwohl auch hier eher Superventilation gemeint ist.

Rebirthing ist als reiner Atem-Transformations-Prozeß auch kein Ersatz für Psychotherapie (vgl. Kap. 1), obwohl die Resultate, die nur durch Rebirthing-Atmen erreicht werden, oft die von monatelangen Therapien deutlich übertreffen können (v. a. was die Lösung von Gefühlen und die innere Klärung betrifft).

Für die vollständige gedankliche Durcharbeitung einer Lebensgeschichte, in der die Aspekte des Begreifens/Verstehens eine große Rolle spielen sollen, sind oft zusätzliche psychotherapeutische Techniken/Methoden (wie etwa Gestalt, Hakomi, Voice Dialogue u. a.) eine große Hilfe. Dies gilt auch für die nachhaltige Verwandlung von Denk- und Verhaltensmustern, d. h. für eine Bereicherung derselben (vgl. Kap. 5).

In der Kombination mit solchen Therapieformen wird der Rebirther (als Atembegleiter) zum versierten Therapeuten. Es versteht sich, daß ein Rebirther umso qualifizierter ist, je mehr zusätzliches Handwerkszeug er für einen langdauernden Selbsterkenntnisprozeß (in der Dimension von 1—2 Jahren) einsetzen kann.

Das schließt ein, daß die reine Atemtechnik ein hocheffizientes Mittel für die Krisenintervention und die Kurzzeittherapie bleibt, wobei auch Rebirther, die sehr intuitiv (und weniger intellektuell) arbeiten, hochwertige Arbeit leisten. Ein Mensch mit viel Lebenserfahrung und langer spiritueller Praxis vermag Sie möglicherweise besser zu unterstützen als ein sehr intellektuell-wissenschaftlicher Psychologe.

Wie Sie einen guten
Therapeuten finden

Menschen, die Sie Rebirthing-Atmen lehren können, nennen sich nicht unbedingt Therapeut. Viele ziehen andere Berufsbezeichnungen vor, z. T. weil sie eine andere Vorbildung haben, z. T. weil sie ihre Arbeit nicht als Therapie verstehen (vgl. Kap. 1). Die Aufgabe, den genau zu Ihnen passenden „Therapeuten" zu finden, bleibt ganz Ihrer Intuition überlassen, unabhängig von Berufsbezeichnungen wie Rebirther, Rebirthing-Therapeut, Atemlehrer, Atempädagoge, Rebirthing-Trainer, Lebensberater etc. Hinter all diesen Bezeichnungen kann sich sehr viel Kompetenz und lange Berufserfahrung oder auch die gerade für Sie passende Spezialkompetenz verbergen.

Im Idealfall finden Sie den Therapeuten, der genau zu Ihrer Lebenssituation, zu Ihrem „Problem" (der Erscheinungsform Ihres Musters) paßt — vielleicht weil er es selber erlebt hat, mehrere Fälle dieser Art kennt o. ä. Praktisch ist es natürlich, wenn Ihnen Freunde oder Bekannte Adressen nennen können, wo sie gute und befriedigende Erfahrungen gemacht haben. Wenn ein Therapeut Workshops anbietet, können Sie evtl. hier erst einmal seine Arbeitsweise kennenlernen. Wenn sie jedoch „ganz am Anfang" sind, sollten Sie zunächst bedenken: Fühle ich mich mehr zu einem Mann oder einer Frau hingezogen? Wo wür-

de ich mich mehr öffnen können? Sollte er/sie gleich
alt oder älter sein? Oder gar jünger? Was fordert mich
am meisten, ohne mich zu ängstigen? Die Vertrautheit
des eigenen Geschlechts oder die gegensätzliche An-
ziehungskraft des anderen? (Will ich was mit Vater
oder Mutter, mit Mann oder Frau regeln oder lernen?)

Falls Sie nur Namen und Adressen zur Auswahl haben (einige Bücher in der Literaturliste bieten solche),
gibt es einige Punkte, die Sie klären könnten — durch
Anfordern von Prospektmaterial, durch ein Telefonat
oder durch ein Vorgespräch (bei 30 Minuten meist ko-
stenlos):

a) Lebenserfahrung

Je mehr ein Therapeut verschiedene Konflikte, Ge-
fühlszustände, Krisen etc. in seinem Leben bewältigt
hat, umso eher wird er sich in Ihre einfühlen können.
Prüfen Sie, inwiefern Ihnen die Persönlichkeit Ihres
„Kandidaten" Sicherheit vermittelt.

b) Ausbildung

Bringen Sie in Erfahrung, welchen Umfang die schu-
lisch/universitäre und die erfahrungsorientierte/spiri-
tuelle Ausbildung Ihres zukünftigen Therapeuten hat.
Eine Ausbildung in Pädagogik, Psychologie, Medizin
oder Kommunikationswissenschaften ist oft ein soli-
des und sehr nützliches Fundament. Andererseits ist
eine ausreichend lange therapeutische Ausbildung
wichtiger: Es gibt Rebirthing-Therapeuten, deren
Kompetenz eher hierin und in ihrer Lebenserfahrung
begründet liegt, — die Sie mit offenem Herzen statt

mit kritisch-analytischem Verstand empfangen. Schon viele Diplom-Psychologen haben mir versichert, daß sie in der Arbeit mit Menschen 90 % ihrer universitären Wissensgebiete getrost vergessen konnten.

Am wichtigsten erscheint mir, daß Ihr *Rebirther* einen mehrjährigen Zeitraum kontinuierlich an sich selbst beim gleichen Lehr-/Ausbildungstherapeuten gearbeitet hat, so daß er eine kontinuierliche Transformation seiner eigenen Persönlichkeit erfahren konnte. Dies ist durch „Sammeln" von verstreuten Ausbildungseinheiten (z. B. einzelnen Wochenenden) nicht möglich, weil hier die kontinuierliche Supervision fehlt.

Nur mehrjährige Ausbildungen in Atemarbeit garantieren auch, daß Ihr Rebirther eine ausreichend große Zahl von Sitzungstypen hat erfahren und beobachten können, so daß er über eine breite (empirische, „klinische") Basis verfügt. Die meisten Rebirthing-Lehrtherapeuten halten hier ca. 200 Sitzungen für ein Minimum. Außerdem garantieren mehrjährige Ausbildungen, daß ausreichende Erfahrungen in Warm- und Kaltwasserrebirthing sowie in spirituellen und meditativen Praktiken gesammelt werden konnten. Wichtig ist es auch, ob er/sie von einem Trainer*paar* ausgebildet ist, so daß an männlichen und weiblichen Persönlichkeitsanteilen aus beiden Blickwinkeln gearbeitet werden konnte.

Sehr gute Therapeuten haben nicht nur eine solche mehrjährige Ausbildungsgruppenerfahrung, sondern (dabei oder anderswo) zusätzliche Qualifikationen in verbalen Interventionsstrategien erworben, z. B. in Gestalttherapie, Voice Dialogue, Hakomi o. ä. Je umfassender die Ausbildung Ihres Rebirthers in dieser Richtung ist, umso mehr wird er Sie kompetent über einen längeren Zeitraum begleiten können, der erfahrungsgemäß verschiedenartige Klippen bietet.

In einzelnen Fällen kann dies allerdings von einer sehr gut entwickelten Intuition (oder Medialität) bzw. einer gereiften spirituellen Weisheit ebenso gut oder sogar besser geleistet werden.

Prüfen Sie, ob Sie die Persönlichkeit insgesamt „energetisch" überzeugt, ob Sie sich durch sie aufgeladen bzw. angeregt fühlen, ob Sie genügend Ausstrahlung registrieren, um Vertrauen fassen zu können.

Ein gutes Gespür ersetzt in einem Vorgespräch eine Menge Fragen. Fühlen Sie in Ihren Körper — fühlen Sie, wie dieser auf diesen Menschen reagiert.

Und gestatten Sie sich, ehrlich zu sein.

c) Berufserfahrung

Sie sollten auch wissen, wie lange er bereits arbeitet, und wo er seine Erfahrungen gesammelt hat — mit Einzelklienten, Wochenendgruppen, Abendgruppen, 7-Tage-Trainings, Kliniken, Ausbildungsgruppen etc. Die Mitgliedschaft in Berufsverbänden (s. u.) setzt in der Regel erfolgreiche Arbeit mit Klienten über einen längeren Zeitraum voraus. Erst in einer solchen Arbeit, die über Krisenintervention (3—4 Sitzungen) hinausgeht, zeigt sich die Kompetenz eines guten Therapeuten.

d) Wie Sie Adressen finden

Wenn Sie sich entschieden haben, daß Sie für Ihre persönliche Weiterentwicklung in Rebirthing-Einzelsitzungen investieren wollen, so zahlen Sie (bei einer durchschnittlichen Dauer von 90 Min.) je nach Berufserfahrung „Ihres" Therapeuten zwischen 80 und 160 DM. Ein (20stündiger) Wochenendworkshop kostet z. Zt. zwischen 200 und 300 DM und beinhaltet mindestens eine Rebirthing-Sitzung sowie intensive gruppendynamische und verbale Prozesse.

Sicher werden Sie wissen, wo Sie sich mehr hingezogen fühlen. Beide Varianten eignen sich für den Anfang gleichermaßen.

Adressen von Rebirthern mit mindestens 2 Jahren Ausbildung vermittelt Ihnen die

> Deutsche Gesellschaft für Rebirthing e. V.
> (Geschäftsstelle)
> Hattingerstr. 92
> 4630 Bochum 1
> Tel.: 0234 / 313921

Außerdem finden Sie Adreßlisten im Anhang der Bücher von Laut/Leonard und Griebl (1988). Die in den Listen aufgeführten Rebirther helfen Ihnen auch gerne weiter beim Herausfinden neuerer Adressen in Ihrer Region.

— 12 —
Zwei Erfahrungsberichte von Klientinnen

Beate (40)

Beate schildert ihre Erfahrungen mit Rebirthing-Sitzungen, die sie über einen Zeitraum von ca. einem Jahr machte.

„Im Alter von 39 Jahren gab es einen Augenblick, in dem mir klar wurde, daß ich an der Entscheidung, mein Leben zu ändern, nicht mehr vorbeikam. Mein Körper signalisierte schon seit einiger Zeit durch häufige Kopf- und Rückenschmerzen, Rheuma und Heuschnupfen, daß da einiges absolut nicht mehr in Ordnung war. Und auch die üblichen Begründungen, wie ‚Es muß am Wetter liegen‘ oder ‚Ich habe zuviel im Garten gearbeitet‘, mit denen ich mich immer selbst beruhigte, verloren an Kraft. Durch entsprechende Literatur war mir inzwischen klar, daß meine Beschwerden und Probleme psychische Ursachen hatten.

Da waren Probleme in der Ehe, im Umgang mit meinen Mitmenschen, Unzufriedenheit über alle möglichen Umstände und Dinge, Probleme mit Sexualität. Ich war introvertiert, unfähig auf Menschen zuzugehen, Gespräche zu führen. Daraus folgte, daß ich meist zu Hause blieb und kaum Kontakte nach außen hatte. Freunde oder Freundinnen hatte ich ebenfalls keine.

Dann hörte ich von einem Therapeuten, der Rebirthing praktizierte, und ich traf die Entscheidung, dies auszuprobieren und zu sehen, ob es mir helfen würde. Es war eine Entscheidung, die mein ganzes Leben total veränderte.

Die erste Sitzung verlief ruhig und ereignislos. Ich spürte keine Emotionen, hatte keine Bilder oder Ereignisse. Nach der Sitzung war ich entspannt, fühlte mich wohl.

Ich machte nun jede Woche eine Sitzung und sehr schnell begannen in mir all die verdrängten, unverarbeiteten Probleme und Situationen der Vergangenheit hochzusteigen. In den folgenden Sitzungen hatte ich viel körperliche Schmerzen; Bauch- und Kopfschmerzen, starker Druck lastete auf meinem Herzen und ich weinte ständig, fühlte mich hilflos und sehr einsam. In der Zeit zwischen zwei Sitzungen ging es mir oft tagelang schlecht, bedingt durch Kopfschmerzen, Übelkeit und Erbrechen.

Während der Sitzungen spürte ich, wie die Energie in meinem Körper arbeitete. Da waren viele Blockaden, die gelöst wurden. In mir war jedoch ein sehr starker Teil meines Ichs, der unbewußt immer wieder verursachte, daß ich mich dagegen wehrte. Durch dieses Wehren verschlimmerte sich jedoch der ganze Prozeß des Lösens. Ich bekam starke Verkrampfungen in den Händen und Handgelenken, die teilweise sehr schmerzhaft wurden. Wie schön war es dann, wenn die Energie endlich frei durch den Körper fließen konnte. Ein wundervolles Gefühl von Wärme, Leichtigkeit und Geborgenheit. Auf einmal schien das ganze Leben klar und einfach zu sein. In der Ruhephase nach dem Atmen schien es mir manchmal, als schwebte ich davon in andere Welten.

Im Verlauf der Sitzungen kamen dann ganz langsam die Erkenntnisse, worauf die ganzen Krankheitssymptome und Probleme begründet waren. Tief in mir war sehr viel Angst. Und diese Angst hatte sich seit meiner Geburt immer weiter aufgebaut.

In mehreren Sitzungen erlebte ich meine Geburt wieder. Meine Mutter verlor in der Wohnung bereits das Fruchtwasser. Sie mußte daher mit dem Krankenwagen auf schnellstem Wege ins Krankenhaus. Es gab viel Hektik und der Fahrer des Krankenwagens und sein Begleiter sagten meiner Mutter, sie werde das Kind doch hoffentlich nicht im Wagen bekommen, sie hätten hier heute schon eine Geburt gehabt. Meine Mutter hielt also die schon eingesetzten Wehen zurück, was ich als außerordentlich unangenehm erlebte. Im Krankenhaus ging dann alles in großer Hektik weiter und es passierte, daß einer Schwester die Narkoseflasche aus der Hand fiel auf meine Mutter, die daraufhin in Narkose versank. Jetzt mußte ich ganz alleine sehen, wie ich da rauskam. Ich sah einen dunklen Kanal, der am Ende hell wurde, und wußte, da muß ich durch. Aber ich wollte da nicht raus. Ich war erst 8 Monate alt und wollte da drinbleiben, und ich hatte Angst da durchzugehen, ohne Hilfe und ohne in Kontakt mit meiner Mutter zu sein. In der Atemsitzung, in der ich das wiedererlebte, dauerte es sehr lange, bis ich mich entschloß, da durchzugehen.

Aber ich schaffte es, überstand den unvermeidlichen Klaps auf den Po und würgte lange herum, bis ich endlich frei Luft bekam. Kontakt zu meiner Mutter hatte ich direkt nach der Geburt nicht, denn sie lag noch in Narkose. Dieser fehlende erste Kontakt hat sich für mein späteres Leben so ausgewirkt, daß ich nie eine echte Verbindung zu meiner Mutter gespürt habe und umgekehrt meine Mutter auch nicht zu mir. Bei mir prägten sich die ersten Muster wie: „Ich muß alles allein machen", „Keiner hilft mir", „Ich bin allein und auf mich gestellt", „Ich habe Angst". Ich habe später nie empfunden, daß meine Mutter mich wirklich geliebt hat. Das Gegenteil ist eingetreten. Ich war ein kraftvolles und wildes Kind und meine Mutter hat von Anfang an versucht, dies zu unterdrücken. Es gab viele Verbote, oft Ohrfeigen und auch Schläge. Und ich fing an, alle diese Dinge zu unterdrücken, nicht mehr wahrnehmen zu wollen, da es zu viele dieser Situationen gab.

Meine Mutter war sehr oft krank und innerhalb der Familie war alles darauf abgestimmt, Mutter nicht zu stören, nicht aufzuregen, ihr alles recht zu machen. So richtete sich in meinem Leben alles nach meiner Mutter und mir prägte sich ein, wenn ich Mutter alles recht mache und sie günstig stimme, dann ist sie mir wohlgesonnen. Für meine Wünsche und meine Kreativität blieb da kein Raum mehr.

Hinzukam, daß meine Mutter oft sagte, wenn ich hinfiel oder mir weh tat und weinte: „Stell dich nicht so an" oder „Das ist doch alles nicht schlimm" und so fing ich dann an, auch meinen Schmerz zu unterdrükken und meine Tränen nicht mehr zu zeigen. Ich baute vor meinem Herzen einen perfekten Panzer, der nichts mehr hereinließ, aber auch nichts heraus. Ich wurde hart und aggressiv, womit ich bei meinen Mitmenschen natürlich erheblich aneckte.

Den unterdrückten Schmerz spürte ich dann noch einmal in den Sitzungen durch starke Zahn- und Kieferschmerzen, da ich den Schmerz damals im wahrsten Sinne des Wortes verbissen hatte.

Im Verlauf der Sitzungen erlebte ich viele Ereignisse mit meiner Mutter wieder und kam auch an all den Haß, die Wut und den Zorn auf sie, die ich in langen Jahren unterdrückt hatte. Jetzt konnte ich mir diese Gefühle zugestehen. Ich schrie sie heraus, immer und immer wieder, bis ich mich leichter fühlte und spürte, da ist in mir etwas leerer geworden. Und ich weinte all die Tränen, die ich mir bisher nicht zu weinen erlaubt hatte.

Dann erkannte ich, wieviel Angst ich vor meiner Mutter hatte. Im Verlauf meines Lebens hatte ich dann immer Schwierigkeiten im Umgang mit sehr autoritären Menschen. Hier kam dann meine Angst wieder hervor und bei Konfrontationen mit solchen Menschen fühlte ich mich oft hilflos und wie gelähmt. Durch die Atem-Sitzungen konnte ich immer mehr von dieser Angst erkennen und integrieren.

Dann arbeitete ich mit meinem Therapeuten an meiner Kraft. Ich nahm zum ersten Mal meine Kraft wirklich wahr und erfuhr, daß ich mit dieser ganzen Kraft in der Welt willkommen bin. Es wurde deutlich, daß in mir schon immer sehr viel Kraft vorhanden war, daß sie jedoch bisher unterdrückt wurde. Während der Atemsitzungen wurde mehr und mehr davon frei. Ich empfand dies als starke Wärme, die meinen Körper überflutete und mich schwindlig fühlen ließ. Endlich war die Kraft, die all die Jahre unerwünscht war und unterdrückt wurde, in Ordnung. Ich lernte, sie anzunehmen, zu genießen und mich als kraftvolle Frau kennenzulernen. Dies war für mich ein tiefgreifendes Erlebnis.

Ich spürte dann mehr und mehr einen spürbar stärkeren Energiefluß in meinem Körper. Zuvor fror ich schnell und hatte oft kalte Füße. Dies war jetzt vorbei. Und Stück für Stück wurde meine Angst weniger, ich bekam mehr Selbstvertrauen, wurde offener gegenüber meinen Mitmenschen und traute mich mehr und mehr das in meinem Leben zu tun, was ich will, und nicht, was andere von mir erwarten. Ich fühlte mich viel vollständiger und selbstbestimmter.

In meiner Partnerschaft wurde immer deutlicher, daß wir nach demselben Muster miteinander umgingen wie unsere Eltern. Einer stützte sich auf den anderen ab und keiner fühlte sich vollständig so, wie er war. Jeder glaubte, den anderen für seine eigenen unvollständigen Bereiche zu brauchen. Dies konnte ich jetzt erkennen und die Verantwortung für mich voll und ganz übernehmen und wurde dadurch endlich erwachsen.

In weiteren Sitzungen konnte ich dann ganz ruhig und weich sein beim Atmen. Jedes Wehren gegen die

Energie verschwand. Ich atmete jetzt so weich, daß ich spüren konnte, wie die Energie bis zu meinen Füßen floß. Es war ein ganz neues Gefühl, so weich zu sein und doch um meine Kraft zu wissen. Ich öffnete mehr und mehr mein Herz und spürte mein Frausein, lernte mich und meinen Körper zu lieben. Ich spürte in meinem Herzen Liebe, die ich mit anderen Menschen teilen konnte, und es floß viel zu mir zurück. Und plötzlich schien die Welt viel schöner und fröhlicher zu sein. Ich bekam jetzt von anderen Menschen Liebe und Zuwendung, was mir ja immer gefehlt hatte.

Nach etwas über einem Jahr Rebirthing sind meine Rückenschmerzen verschwunden, ebenso mein Heuschnupfen und mein Rheuma. Kopfschmerzen habe ich nur noch selten. Heute fühle ich mich nicht mehr einsam, kann glücklich und zufrieden mit mir alleine sein. Ich habe inzwischen viele nette Menschen kennengelernt und mit einigen intensive Kontakte. Mein Leben ist erfüllter, zufriedener und ich habe mich entdeckt, so wie ich wirklich bin, kraftvoll, kreativ und gefühlvoll, mit sehr viel Liebe im Herzen und großem Verständnis für die vielen Facetten des menschlichen Daseins.

Und ich habe erkannt, was meine Aufgabe in diesem Leben ist: andere Menschen, die den gleichen Weg gehen wollen, zu unterstützen und meine gemachten Erfahrungen und mein Wissen an sie weiterzugeben."

Agnes (48)

Agnes schildert Erfahrungen aus einigen Rebirthing-Sitzungen in der Form von märchenhaften Geschichten, in der Fabelwesen wie Ma'on oder Nimo den Reinigungs- und Selbstheilungsprozeß begleiten und kommentieren:

„Was wird denn jetzt passieren?", wollte Marion wissen. „Und wie lange wird es dauern?" Bei ihrer letzten Frage fiel ihr Johannes ein, aber der Gedanke war so flüchtig wie ein Wetterleuchten. „Wie lange es dauern wird", beantwortete Ma'on ihre letzte Frage zuerst, „wissen wir nicht. Bei dem einen dauert es länger und bei dem anderen kürzer, es kommt auf den Grad der Verhärtung an". „Verhärtung?", fragte sie verständnislos. „Ja, Verhärtung", erwiderte Ma'on geduldig. „Alle Krankheiten entstehen letztendlich aus Verhärtung, die aus Abwehr resultiert. Es ist dir sicher bekannt, daß man alles Unangenehme und das, was einem Angst macht, abwehrt. Bei dir ist es eben die Abwehr, etwas nicht sehen zu wollen. Die Abwehr führt dazu, daß sich die Muskeln verkrampfen. Durch ständige Wiederholung nun wurde daraus eine dauerhafte Starre. Der Körper seinerseits glaubt nun, daß das notwendig sei, und zementiert im wahrsten Sinne des Wortes diese Starre ein. So entsteht die Verhärtung. Hast du mir bis hierher folgen können"? Marion nickte, obschon sie nicht begriff, was er sagte. Wieso wollte sie nicht alles sehen?

„Und jetzt", fuhr Ma'on fort, „komme ich zur Beantwortung deiner ersten Frage. Der Tempel der Mitte ist der Ort der stärksten Kraft. Hier werden zunächst die Energien, die die Starre zur Verhärtung festgebunden haben, aufgelöst und freigesetzt. Im Zentrum des Tempels befindet sich ein Lager, auf das du dich legen wirst. Wir, das heißt die Heiler, werden eine Kreiskette um dich bilden. Deine Aufgabe ist es, dir bei jedem Einatmen vorzustellen, daß weißes Licht durch das Dach deines Kopfes in dich hineinströmt. Lenke diesen Lichtstrom zu deinem Herzen und lasse ihn beim Ausatmen ausströmen. Die Heiler, die den Kreis um dich bilden, werden zunächst RO, den Gott des Heilens, anrufen. Dann schalten sie sich in den Lichtstrom ein, um ihn zu verstärken. Das lockert den Panzer der Verhärtung und er wird nach und nach weggeschmolzen. Mit dem Freisetzen der Bindungsenergien werden auch die eingeschlossenen Gefühle befreit. Lasse alles geschehen und sei ohne Furcht. Sieh dir deine Ängste an und entscheide, ob du sie loslassen oder behalten willst. Vier von uns werden sich innerhalb des Kreises bei dir aufhalten. Ròrengo befindet sich links neben dir und ich rechts. Shògun sitzt an deinem Kopf und Sàmnitrà an deinen Füßen. Das ist die erste Station deines Heilungsweges. Alles andere werde ich dir dann zu gegebener Zeit erklären. Es würde dich jetzt zu sehr verwirren und beeinflussen."

Die ganze Gruppe hielt an. Flüsternd unterhielten sich die Heiler in einer Sprache, die sie nicht verstand. Dann wurde sie von Ma'on aufgefordert, sich auf das Lager auszustrecken. Er war ihr behilflich. Nach einigen Versuchen hatte sie es ertastet und versuchte, sich so bequem wie möglich hinzulegen. Als sie so ausge-streckt dort lag, verstärkte sich die Beklemmung. Was würde sie erwarten? Zum Glück blieb ihr für weiteres Nachdenken keine Zeit und so blieb es ihr erspart, in Panik zu geraten. Ma'on flüsterte ihr zu: „Es ist so weit, Marion. Sei ohne Furcht, dies ist ein heiliger Ort, hier wird dir aller Schutz zuteil, den du benötigst. Tu jetzt, was ich dir sage. Konzentriere dich nur auf deinen Atem, auf das Licht und auf dein Herz". Dann wurde es still.

Zuerst hatte sie Mühe ihrem eigenen Atemrhythmus zu folgen, sie atmete einfach zu schnell. Die Beklem-mung verstärkte sich. Da schien plötzlich die ganze Umgebung laut zu atmen, alle Heiler atmeten im glei-chen Rhythmus und sie schloß sich an. Dann war es ganz leicht. Leises Summen drang an ihr Ohr, die Hei-ler begannen zu singen. Ohne Worte, ein ständig auf- und abschwellender Ton, der sich mit ihrem Atem zu vereinigen schien. Der Rhythmus wurde schneller und tiefer. Der Reif zog sich mehr und mehr zusammen, er wurde breiter und dehnte sich über die ganze Brust aus. Dort, wo sie normalerweise ihr Herz vermutete, lag jetzt ein harter, viereckiger Eisklotz. Die Kälte er-faßte zunächst den ganzen Brustkorb und strahlte in den ganzen Körper aus. Panik erfaßte sie. Vor Angst kam sie aus dem Rhythmus und keuchte. Der Gesang der Heiler wurde leiser und das Atmen langsamer.

Eine Hand legte sich auf ihr Herz, es war Ma'on, sie merkte es am Geruch. Leise flüsterte er: „Wie oft warst du in deinem Leben hart und kalt gegen dich selbst. Warum konntest du dich nicht selbst lieben"? Ob sie wollte oder nicht, die Tränen stiegen ihr heiß in die Augen und der Schmerz wurde etwas erträglicher. Die Worte hatten sie tief getroffen. Es war eine wunde Stelle in ihr und besser war es, nicht daran zu rühren. Aber Ma'on war unerbittlich. „Gewiß hast du dich aus Angst vor Verletzung eingemauert, nicht wahr"? Unter Tränen nickte sie schwach. „Aber du hast zugelassen, daß man dich verletzte. Du hast dich selbst nicht beschützt. Wenn ich etwas liebe, dann verteidige ich es auch." Der Tränenstrom wurde stärker, wie recht er hatte. Und doch wünschte sie sich, er möge schweigen. Hände tupften mit weichen Tüchern immer wieder ihr Gesicht ab. „Fühle jetzt noch einmal die Kälte", hörte sie ihn wieder reden, „deine eigene Lieblosigkeit, damit du weißt, wie es sich anfühlt, und dann lasse die Kälte einfach los. Konzentriere dich auf das Licht in dir und die Wärme meiner Hand."

Mit den Tränen floß der Schmerz hinaus und der Reif löste sich. Unter der Hand von Ma'on taute nach und nach das Eis. Vorsichtig hatten sich auch die Hände der anderen Heiler auf ihren Körper gelegt. Eine Welle der Wärme durchströmte sie, einmal, zweimal, dreimal, immer wieder. Die Abstände dazwischen wurden kürzer, bis sie eingehüllt in dieser Wärmewolke zu schweben schien. Völlig losgelöst trieb sie schließlich in dieser Empfindung dahin, gleich einem Fisch im Wasser. „Lasse es jetzt geschehen, daß die Liebe in dein Leben fließt. Gib dich der Liebe hin." Hatte Ma'on gesprochen, oder kam die Stimme aus ihrem Inneren?

Ein Knistern wie von Staniolpapier riß sie aus ihrer Versunkenheit. Es hörte sich merkwürdig an und erfüllte den ganzen Raum um sie herum. Sie öffnete die Augen, aber ach ja, jetzt fiel ihr ihre Blindheit wieder ein. Der Gesang war nun ganz verstummt.

„Ma'on", flüsterte sie unsicher. Sofort wurde ihre rechte Hand gedrückt. Jetzt nahm sie auch wieder ihren restlichen Körper wahr. „Bleibe noch eine kleine Weile so liegen", hörte sie ihn leise sagen. Wieder schloß sie die Augen, aber es war gleichgültig, die Schwärze blieb. Das Knistern hatte aufgehört und sie vernahm nur noch den leisen Atem ringsumher. Endlich waren hilfreiche Hände da, um sie aufzurichten. Wieder wurde sie geführt. Ein leiser Windhauch streichelte ihr Gesicht, sie hatten den Tempel verlassen.

„Wir gehen jetzt zum freien Platz des Tanzes", sagte Ma'on. „Hier sollst du alles, was sich bis jetzt in dir gelöst hat, heraustanzen. Die Stoffe, die zwar gelöst sind, kreisen jedoch weiterhin in deinem Körper, darauf wartend irgenwo erneut verarbeitet zu werden." „Aber wie soll ich tanzen?", fragte Marion hilflos, „Ich sehe nichts". „Du brauchst nichts besonderes zu machen, lasse geschehen, was dein Körper macht", erwiderte er, „sicherlich hast du doch auch früher schon mit geschlossenen Augen getanzt, oder"? Als sie nickte, fuhr er fort: „Siehst du, so machst du es jetzt auch. Der Boden ist ganz glatt und eben. Ich werde dir zuerst deine Schuhe ausziehen, dann kannst du mit den Fußsohlen gut fühlen". Und der Platz war tatsächlich glatt, er fühlte sich nach festgetretenem Lehm an.

„Zuerst", gab Ma'on jetzt Anweisung, „streckst du deine Arme seitlich waagerecht aus. Dann drehst du dich nach rechts um deine eigene Achse, so wie du es auch als Kind sicher oft getan hast."

Ein Lächeln huschte über Marions Gesicht. Ma'on hatte eine schöne Erinnerung geweckt. Das hatte sie als Kind wieder und wieder getan. Häufig war sie ermahnt worden, dies zu unterlassen, mit dem Hinweis auf Schwindeligkeit. Aber sie hatte sich oft drehen können, ehe ihr schwindelig wurde. Danach hatte sie sich immer einfach ins Gras fallenlassen und sich unendlich gut gefühlt. Damals, ja, damals hatte sie jeden Laternenmast ganz genau gekannt, hatte sich immer daran gehängt und gekreiselt. Mit geschlossenen Augen hätte man sie hinführen können und sie hätte gewußt, wo sie war, so genau kannten ihre Hände jeden einzelnen Mast. Ma'ons Stimme holte sie aus ihrer Erinnerung heraus.

„Wenn dir schwindelig wird, höre einfach auf. Wir stehen um dich herum, um dich notfalls zu schützen. Wenn du genug vom Drehen hast, stelle dich mit hüftbreit gespreizten Beinen und leicht eingedrückten Knien so entspannt wie möglich hin. Und dann laß deinen Körper machen, was er will. Erzwinge nichts, wenn er nichts macht, ist es auch gut." Sie spürte, wie Ma'on sich zurückzog.

Unsicher begann sie, sich zu drehen, und plötzlich kam sie sich merkwürdig albern vor. Zwischen damals und heute lag schließlich eine beträchtliche Zeitspanne und sie war nun einmal kein Kind mehr. „Stopp", riß

Ma'on sie scharf aus ihren Gedanken, und sie blieb stehen. „Marion", sagte er dennoch ruhig, „du sollst dich drehen und nicht denken. Jetzt ist nicht Denkzeit, sondern Tanzzeit. Sei ganz bei deinem jetzigen Körper, fühle, wie er das Drehen genießt. Denke nicht darüber nach, wie du wirkst, welche Figur du machst, oder was auch immer. Bleibe in dir und identifiziere dich nur mit deinem Körper. Sei dein drehender Körper".

Tränen traten ihr in die Augen, nicht wegen der Zurechtweisung, sondern wegen der Wahrheit, die darin lag, und sie begann sich erneut langsam zu drehen. Sie lenkte ihr Bewußtsein in ihren Bauch und sie spürte, wie hart und angespannt er sich anfühlte. Er schmerzte. Der Wind strich ihr über Gesicht und Arme, aber sie war jetzt so auf sich konzentriert, daß sie den Trost, den der Windhauch brachte, nicht empfand. Wellen von Trauer lösten einen wahren Tränenstrom aus. Die Angst, sich lächerlich zu machen, war total verschwunden. Für Gedanken war kein Raum mehr. Sie drehte sich und weinte, und je länger sie dies tat, je weicher wurde ihr Bauch. Und je weicher der Bauch wurde, je schneller drehte sie sich. Langsam wurden die Tränen weniger. Hinter dem nachlassenden Schmerz stieg die Freude auf, die Freude an ihrem Tun. Jetzt gab sie sich ganz ihrem Drehen hin, und erst das Geräusch von berstendem Glas, das immer lauter wurde, riß sie aus ihrer Versunkenheit. Ihre Bewegungen wurden langsamer, und als sie stillstand, zerriß ein ohrenbetäubender Knall die Stille. Aber sie kam nicht zum Nachdenken oder Fragen.

Als sie so mit eingedrückten Knien dastand und auf das Echo des Knalls hörte, begannen ihre Beine ein Eigenleben zu führen. Ein Zittern machte sich von den Füßen her breit, lief an den Beinen hoch und erfaßte nach und nach den ganzen Körper. Die Stille, die sie zunächst umgab, wurde durch den jetzt einsetzenden Gesang der Heiler unterbrochen. Das Zittern in ihr verstärkte sich und wurde zum kräftigen Schütteln. Marion konnte nichts machen. Zunächst hatte sie Angst, sie würde hinfallen, aber ihre Füße schienen an den Boden genagelt zu sein. Sie stand stumm, sich schüttelnd auf dem gleichen Fleck. Der Gesang wurde lauter und lauter, das Zittern stärker und stärker. Der Schweiß brach ihr am ganzen Körper aus und stach wie mit tausend Nadeln. Die Wellen des Gesanges drangen auf sie ein und wuchsen einem Höhepunkt entgegen, der darin gipfelte, daß sie einen Schrei ausstieß. Er brachte ihr etwas Erleichterung und eine leise Stimme flüsterte: „Schreie weiter". Willenlos gehorchte sie. Sie schrie und schrie immer wieder, immer lauter, bis sie schließlich den Gesang der Heiler übertönte. Dann urplötzlich, brach alles ab, der Gesang, ihr Schreien und das Schütteln. Hätten die Heiler sie nicht sofort gestützt, sie wäre hingefallen. Ein merkwürdiges Fließen hatte sich in ihrem Körper ausgebreitet, als wenn in ihren Kopf Wasser hineingeschüttet würde, das aus den Füßen wieder abfloß. Sie stand still, bis der Fluß nachließ und sie ihren Körper wieder als feste Gestalt wahrnahm. Als sie dann gewohnheitsmäßig ihre Augen öffnen wollte, legte sich die Hand von Ma'on darauf. „Warte", sagte er leise. Sie nickte zustimmend.

Wieder fühlte sie sich an den Händen gefaßt und fortgeführt. Jetzt spürte sie den Windhauch, der ihr etwas Kühle brachte. Noch immer lief der Schweiß in Strömen und klebte ihr die Kleider auf der Haut fest. Als sie anhielten, war es wieder Ma'on, der sprach: „Wir sind jetzt im Tempelbereich der heiligen Bäder. Du sollst jetzt zur Reinigung in ein Brunnenbad gehen. Schwimme mit geschlossenen Augen eine Runde. Der Brunnen ist rund und deine Hände werden dir den Weg weisen. Dann tauche einmal ganz ein, und hernach kannst du deine Augen öffnen, und wir werden sehen, was passiert. Kannst du schwimmen?" „Ja", antwortete Marion.

„Dann lege deine Kleider ab", forderte er sie auf. Nervös begann sie, sich auszuziehen, sich dabei ihrer eigenen Nacktheit bewußt zu werden. „Trug ich Kleider, als ich zu dir kam?", hörte sie die fragende Stimme von Ma'on. Das half. Sie überwand ihre Scheu und streckte ihre Hände aus. Einige Stufen wurde sie abwärts geführt, dann umspülte kühles Wasser ihre Fußgelenke. Langsam ging sie tiefer, schwamm los. Sie genoß das Wasser auf ihrem erhitzten Körper. Es hatte eine angenehme Temperatur. Sie tat, wie ihr Ma'on geheißen, und sie fühlte sich gut.

Als sie schließlich auftauchte, öffnete sie vorsichtig ihre Augen. Sie sah Wasser. Es dauerte einen Moment, bis sie begriff, daß sie nicht mehr blind war. Sie sah Wasser, tatsächlich, sie sah das Wasser. Unvermittelt stieg unbändige Freude hoch und sie schlug laut jubelnd immer wieder auf die Wasseroberfläche. „Ich kann sehen", schrie sie mit fast überschlagender Stimme, „Ma'on, ich kann wieder sehen". Voll Übermut katapultierte sie sich fast ganz aus dem Wasser heraus und ließ sich mit einem Aufschrei zurückfallen. Wie verrückt sprang und schwamm sie immer wieder, sie wußte sich vor Freude nicht zu fassen. Endlich hielt sie an und stieg die Treppe empor.

Sie sah Ma'on an, sah ihm direkt in die Augen. Er streckte ihr lächelnd die Hände entgegen und sie flog förmlich in seine Arme. „Oh, Ma'on", schluchzte sie zwischen Lachen und Weinen, „ich kann wieder sehen. Ich kann es nicht fassen. Du kannst dir nicht vorstellen, wie ich mich fühlte". „Wie neu geboren?", fragte er leise. Verblüfft machte sie sich los. „Genau, das ist es," erwiderte sie, „ich komme mir total neu vor. Und das nicht nur wegen der Augen". Jetzt trat sie einen Schritt zurück.

Ungläubiges Erstaunen machte sich auf ihrem Gesicht breit. Sie sah Ma'on an, dann die anderen Heiler und schließlich wieder Ma'on. „Sag mal, Ma'on", stotterte sie schließlich, „ja, bist du überhaupt Ma'on? Du siehst jetzt ganz anders aus". „Komm", lachte Ma'on und hielt ihr ein Gewand hin, „zieh das über und dann laß uns diesen Teil des Tempels verlassen. Ich erkläre dir alles später. Zuvor jedoch wollen wir gemeinsam RO für deine Heilung danken". Schweigend machte sich die ganze Gruppe auf den Weg.

Literatur und Cassetten

Werke mit * sind als einführende Grundlage zu empfehlen

a) Literatur

Albery, N.	Wie neugeboren — Das Rebirthing-Buch, Der Grüne Zweig, Löhrbach 1987
Gawain, Sh.	Stell Dir vor — Kreativ Visualisieren, Rowohlt, Reinbek 1986
*Görner, B./ Schusser, G./ Stellberg, R.	Rebirthing — Aspekte einer Metatherapie, Schriftreihe des Fachbereichs 3 der Universität Osnabrück 1990
*Griebl, G.S.	Die Schwingen der Freiheit. Rebirthing — die Wiedergeburt der Lebensfreude, THETA, München 1988
Griebl, G.S.	Phoenix-Karten, Richtlinien für Unsterbliche, München 1990
Grof, St.	Topographie des Unbewußten, Klett-Cotta, Stuttgart $_2$1983
*Grof, St.	Das Abenteuer der Selbstentdeckung, Kösel, München 1987
Hay, L.	Heile Deinen Körper, Alf Lüchow, Freiburg $_{19}$1990
Herriger, C.	Männer weinen nicht, Heyne, München 1990
Janov, A.	Frühe Prägungen, Fischer, Frankfurt/M 1984
Janus, L.	Die Psychoanalyse der vorgeburtlichen Lebenszeit und der Geburt, Centaurus, Pfaffenweiler 1989 (dort ausf. Literaturverzeichnis für alle wiss. Interessierten)
*Laut, Ph./ Leonard, J.	Neugeboren werden. Rebirthing — der Weg zu Selbstentfaltung und Lebensfreude, Kösel, München 1988

Smothermon, R.	Drehbuch zur Meisterschaft im Leben, Context, Bielefeld 1986
Stellberg, R.	Rebirthing als transpersonale Psychotherapie, in: Das Leben vor und während der Geburt, Schriftreihe des Fachbereichs 3 der Universität Osnabrück 1988
*Stellberg, R.	Rebirthing als Transzendierung des Ego, in: Görner/Schusser/Stellberg 1990 (s. o.)
Stellberg, R. (Hg.)	Handbuch für Rebirther, DGR-Selbstverlag, Düsseldorf 1990
Stone, H./ Winkelman, S.	Wer bin ich? Und wenn ja, wieviele? — Die Psychologie der Selbste (Teil I und II), Synchron, Berlin 1992
Strasser, W.	Heilen mit Lebensenergie. Rebirthing als psychoenergetische Therapie, Psych. Fachbuchhandlung, München ₅1991
Teegen, F.	Die Begegnung mit dem Schatten, Rowohlt, Hamburg 1985
Wapnick, K.	A Talk given on „A Course in Miracles", dt.: Zum Verständnis des KURS IN WUNDERN, Greuth-Hof, Gutach 1992
Wilber, K.	Das Atman-Projekt, Junfermann, Paderborn 1990
Widmer, S.	Ins Herz der Dinge lauschen, Vom Erwachen der Liebe, Nachtschatten, Solothurn 1989

b) Cassetten

| Griebl. S.G. | Selbstrebirthing, THETA, München 1988 |
| *Mandel, B./ Martin, H. | Reichtumsschlüssel (ca. 90 Affirmationen zu Reichtum) — mit Beiheft, Psych. Fachbuchhandlung, München 1990 |

*Stellberg, R./   Selbstwertschlüssel (ca. 100 Affirmatio-
Strake, J.   nen zu Selbstwert) Psych. Fachbuch-
                  handlung, München 1990
*Stellberg, R./   Beziehungsschlüssel (ca. 100 Affirma-
Strake, J.   tionen zu Beziehungen) Psych. Fach-
                  buchhandlung, München 1990

Zifferverweise

2 Vgl. Gestalttherapie von Axel Dinslage in diesem Verlag
3 Vgl. Ph. Laut / Jim Leonard 1988 (amerik. 1983)
4 Vgl. B. Görner/G. Schusser/R. Stellberg 1990
5 Vgl. ausgewählte Literatur im Anhang
6 z. T. wird Rebirthing dann als Vivation bezeichnet
7 Vgl. hierzu Widmer, 1989, 73 ff. und 132 ff.
8 Zit. nach Teegen 1985, 111
9 Vgl. Strasser 1991, 36 f.
10 Vgl. Herriger 1990 (eine Pflichtlektüre für alle Männer!)
11 Zit. nach Teegen 1985, 116 f.
12 Zit. nach Teegen 1985, 212
13 Zit. nach ebda, 226
14 Zum Grofschen Ansatz vgl. Grof 1983, 126 ff.; 1987, 25 ff. und Teegen
   1985
15 Zit. nach Teegen 1985, 71 f.
16 Vgl. dazu im einzelnen Janov 1984, 29—102
17 Vgl. Strasser 1991, 22 f. in Anlehnung an O. Rank: Das Trauma der Geburt
18 Zit. nach Teegen 1985, 73
19 Strasser 1991, 92
20 Zit. nach Teegen 1985, 93 f.
21 Janov 1984, 148
22 Strasser 1991, 91
23 Zit. nach Teegen 1985, 65 f.
24 Griebl 1988, 76 f.
25 Zit. nach Teegen 1985, 74
26 Vgl. dazu ausführlich Grof 1987, 119 ff., dort auch eine ausführliche Fall-
   studie — vgl. S. 124 ff.
27 Vgl. Grof 1983, 116
28 Vgl. Grof 1987, 49 + 56
29 Zit. nach Teegen 1985, 164
30 Zit. nach Teegen 1985, 135
31 Zit. nach Teegen 1985, 134
32 Zu seel. Hintergründen von Krankheiten vgl. Hay 1990
33 Vgl. z. B. Gawain 1986
34 Zit. nach Griebl 1988, 50
35 Zit. nach Teegen 1985, 133
36 Strasser 1991, 83
37 Vgl. Strasser 1991, 47 ff.
38 Vgl. Turner's „Whole Self-Therapy" in Stellberg (Hg.) 1990, 131
39 Strasser 1984, 23
40 Vgl. zu diesem theoretischen und therapeutischen Ansatz Stone/Win-
   kelman 1992
41 Vgl. ausführlich Grof 1987, 164 ff.
42 Vgl. Grof 1987, 54 f.
43 Griebl 1988, 106

44 Zit. nach Teegen 1985, 180 f.
45 Zit. nach Teegen 1985, 157
46 Wilber 1990
47 Zit. nach Teegen 1985, 151 f.
48 Zit. nach Teegen 1985, 232 f.
49 Strasser 1991, 94
50 Griebl 1988, 67
51 Vgl. Wapnick 1992
52 Zu diesem Konzept vgl. ausf. Wapnick 1992, Stellberg 1989
53 Weiter gedacht führt dieses Bild zum Konzept der „Physischen Unsterb-
   lichkeit" (vgl. Griebl 1990): die Menschheit ist nichts anderes als ein einzi-
   ger großer Körper (Menschengesamtkörper), der sich in immer neuen Ein-
   zelkörpern („Menschen") reorganisiert („Einzelleben") — jedoch permanent mit dem einzigen Ziel zu lernen, wie Verbindung wiederhergestellt
   und Schuld und Trennung aufgelöst wird.
54 Griebl 1990, 17
55 Titel des amerik. Originals von Laut/Leonard 1988
56 Vermutlich ist das Bewußtsein eher eine Art Reflektor (Rundfunkempfänger) von Gedankenwellen, die im Gedankenkosmos „zur Verfügung stehen", insofern der Kosmos (die göttliche Schöpfung) nichts anderes ist als
   ein Reservoir verschiedener Energieformen (Atome, Partikel, Wellen etc.)
   — auch Bewußtseinsformen (!), die verschiedene Wirkungen haben. (Vgl.
   Sheldrakes Theorie von den „morphogenetischen Feldern"). Sie als
   Mensch lernen in Ihrem Bewußtwerdungsprozeß — dem Zweck der Ver-
   anstaltung „Einzelleben" —, sich der reflektierenden Spiegel, bzw. des
   Kanalwählers beim Rundfunkempfänger, freier und bewußter zu bedie-
   nen. That's life.
57 Vgl. Griebl 1988, 113 ff.
58 Griebl 1988, 121
59 Griebl. 1988, 131
60 Vgl. Grof 1987, 33 ff.
61 Als Begriff geprägt von Griebl 1988, 87. „Maha" bedeutet im Indischen
   soviel wie „das größte".
62 Vgl. K. Raab in Görner, Schusser, Stellberg 1990

Der Abdruck von Erfahrungsberichten aus Teegen 1985, Griebl 1988 und
Strasser 1991 erfolgte mit freundlicher Genehmigung des Rowohlt Verlages
und der Psychologischen Fachbuchhandlung (München).

Weitere Bücher aus unserem Ratgeber-Programm